中級フランス語

冠詞の謎を解く

小田 涼 Oda Ryo

白水社

装丁・本文デザイン　　　森デザイン室

はじめに

　本書は、フランス語の冠詞について書かれたものです。

　井伏鱒二は、短編「休憩時間」で次のように書いています。

　「文科第七番教室は、この大学で最も古く、最もきたない教室である。〔…〕学生時代の正宗白鳥が英文学講師高山樗牛を質問責めにして、樗牛先生を教壇に立ち往生させたのもこの教室であるという。学生正宗白鳥は、定冠詞の用法を十いくつも並べたてて樗牛をやりこめたので、ついに樗牛先生は講義の途中で泣きだしてしまったと言い伝えられている。〔…〕」

　井伏鱒二の書いたこの挿話が事実かどうかはわかりませんが、冠詞を持たない言語を母語とする話者にとって、英語やフランス語の冠詞を適切に使いこなすのが難しいことは衆目の一致するところでしょう。

　本書は、フランス語の冠詞のさまざまな用法をできる限り体系的に説明することを目的として書かれました。本書の特徴は次のとおりです。

1) 言語学の専門用語をむやみに用いることは避けましたが、いくつかの重要な専門用語は残しています。本文での説明と例文から理解していただけるものと思います。

2) 文学作品・作家の日記や書簡・新聞・映画などから多くの実例を採用し、その出典を明記しています。具体的な例を観察することによって冠詞の理解を深めることを目指しました。

3) 事項索引とは別に人名索引を設けていますので、作家や映画監督の名前からも例文を探すことができます。

　外国語を学ぶことや言葉について考えることは、人間が世界をどのようにとらえているのかについて思索することです。このことは、とりわけ冠詞の問題と向きあうときに強く意識されるように思われます。

　本書の草稿を読んで貴重な意見を下さった東郷雄二先生、曽我祐典先生、オリヴィエ・ビルマン先生に心から感謝いたします。

2019 年 3 月　　著者

目 次

第 1 章

冠詞の謎を解く鍵

冠詞のない言語を母語とする人間がフランス語を学ぶとき、冠詞の学習は見知らぬ土地を手探りで旅するようなものではないでしょうか。第1章ではまず、冠詞は何のためにあるのかについて考え、次にフランス語の三つの冠詞、つまり定冠詞・不定冠詞・部分冠詞を攻略するための最初の手がかりである定と不定の区別について考えます。いわば、これから冠詞の国を迷わず旅するための地図を手に入れるわけです。ただし、この地図には三つの冠詞それぞれについての詳しい特徴は記されていません。それらは第2章以降の旅で、少しずつ見つけてゆくことになります。第1章の終わりで得られる三つの冠詞の姿が漠然としたものであっても大丈夫です。どうか根気よく第2章以降の旅を続けて下さい。旅の終わりには、きっと素晴らしい景色が見えるはずです。

冠詞は何のためにあるの？

　冠詞は何を意味しているのでしょうか。その謎を解こうとして、例えば不定冠詞の un / une / des や定冠詞 le / la / les だけを取り出して考えても、決して正しい答にはたどりつけないでしょう。des や la だけのフランス語の文に出会うことがないように、辞書や文法書を除けば、冠詞が単独で姿を現すことはありません。冠詞はほぼ常に名詞とともに現れます。名詞に補足的な情報を与えるものの、冠詞そのものには実質的な意味内容がないため、その機能や役割を捉えるのは難しいのです。しかも冠詞は、定冠詞一つをとっても、文脈や状況によってさまざまな役割を果たしているように見えます。冠詞とはいったい何なのか、それについて考えるには、やはり名詞とともに旅をする必要があるのです。冠詞の正体を探る、謎解きの旅に出かけましょう。

　旅を始める前に、名詞とは何かをごく簡単に定義しておきましょう。名詞はほぼすべての言語に存在する文法的カテゴリーでありながら、その定義は非常に難しいものと言われています。本書では、名詞とは、生物や物体、物質、概念、場所、出来事などを表す名前のようなもので、動詞の主語になれるものと定義しておきます。

　さて、最初の旅の仲間は 1 本の薔薇です。「これ、何ていう花？」と聞かれて「薔薇です」とフランス語で答えるなら、« (C'est) une rose. » と言います。では、rose の前についている不定冠詞 une は何のためにあるのでしょう？　冠詞があってもなくても薔薇は薔薇でしょ、とあなたは思うかもしれません。試しに une rose から冠詞の une を引くと、rose が残ります。でも、この冠詞なしの rose は抽象的な意味の世界、辞書の世界での「薔薇」という概念を表すだけで、現実世界の薔薇とは結びつかないのです。花の名前を聞かれて無冠詞で « Rose. » とだけ答えるのは少し奇

妙で、冠詞をつけて « Une rose. » と答えて初めて薔薇が実質をともなった個体として捉えられます。花屋で薔薇を買うときにも、« Je voudrais acheter une rose / des roses. » のように、rose には冠詞をつけなければなりません。このように、冠詞は名詞に現実世界での実体を与える役割を果たしており、言語学では冠詞のこの働きを**現働化**（actualisation）と呼んでいます。

　冠詞の第 1 の働きは現働化、言い換えれば「抽象の世界から具象の世界への橋渡し」なのですが、本来なら名詞にしかつかない冠詞を形容詞につけるとどうなるでしょうか。例えば、protégé(e) は「保護された」を意味する形容詞（動詞 protéger の過去分詞から派生した形容詞）ですが、冠詞をつけて un(e) protégé(e) とすると「被保護者、お気に入り」を意味する名詞になります。

1) **Vélasquez était *un protégé* du roi Philippe IV.**

　　ヴェラスケスはフェリペ 4 世のお気に入りでした。

　Victor Hugo の *Les Misérables* 『レ・ミゼラブル』も、形容詞 misérable（惨めな、哀れな）を名詞に転換した例です。冠詞にはもともと名詞ではない品詞の語を名詞に転換する機能があり、形容詞だけなく、副詞の oui（例 2）や疑問詞の pourquoi や comment（例 3）、動詞の不定詞 vivre（例 4）なども冠詞をともなうと名詞として振る舞います。

2) **Le oui franc et massif, je vous le demande pour la France.**（De Gaulle）

　　フランスのために、明確かつ圧倒的多数の賛成票をお願いする。

3) **Remplacer, chaque fois qu'il se peut, *le « pourquoi ? »* par *le « comment ? »* c'est faire un grand pas vers la sagesse.**

（André Gide, *Journal*）

　　可能なかぎり「なぜ？」の代わりに「どのように？」と問うことは、賢明さへの大きな一歩を踏み出すことだ。

4) **Pour ce que je ferais là-bas, je ne demanderais pas grand-chose ; *le vivre* et le couvert me suffiraient...**　　（Gide, *Les Faux-monnayeurs*）

9

そこでする仕事の報酬としては、たいしたことは望みません。食べさせてもらえて、寝かせてもらえたら十分なんです…。

　名詞ではない語を名詞に転換する働きが冠詞にあるということは、裏を返せば、もともと名詞である語を無冠詞で用いると実質をともなわないものとして捉えられ、形容詞のような働きをすることになります。« C'est une rose. » が「それは（1本の）薔薇です」を意味するのに、« C'est rose. » が「それは薔薇色です」の意味になるのは、無冠詞の rose が具象レベルでの薔薇の花を表さないからです。

5）Ayant remarqué que la clé du cabinet était tachée de sang, elle l'essuya deux ou trois fois, mais le sang ne s'en allait point ; elle eut beau la laver, et même la frotter avec du sablon et du grès, il y demeura toujours du sang, car *la clé était fée*, et il n'y avait pas moyen de la nettoyer tout à fait :〔...〕 (Charles Perrault, *Contes*)

小部屋の鍵に血の染みがついていることに気づいて2, 3度拭いてみましたが、血は少しも落ちません。水で洗ったり磨き砂や磨き粉でこすったりしても、あいかわらず血の染みは残っています。なぜなら鍵には魔法がかかっていたからで、完全に綺麗にする方法はなかったのです。〔…〕

　fée は「妖精、仙女」を意味する女性名詞ですが、ペローの「青髯（la Barbe bleue）」からの例5）の la clé était fée では、fée は名詞としてではなく「魔法がかかっている」という形容詞として働いています。

　ところで、冠詞（article）とは、定冠詞・不定冠詞・部分冠詞の3種類を指します。この3種類の冠詞に指示形容詞（ce, cet, cette）や所有形容詞（mon, ton, son...）などを加えてひとくくりにしたものを、言語学では限定辞（déterminant）と呼んでいます。そして「名詞を限定すること（détermination）」がまさに冠詞の第2の働きなのです。「限定」とは、名詞が表す指示対象について、それが何のことであるか、数や量はどのくらいかなどについて、解釈のための情報を聞き手に与えることです。

　6）a. Elle pense que c'est *une solution*.

b. Elle pense que c'est *la solution*.

　例 6）a と 6）b は solution につく冠詞のみが異なるミニマル・ペア（最小対）の例で、a は「それは解決策の一つだと彼女は考えている」、b は「それこそ唯一の解決策だと彼女は考えている」を意味します。つまり、a の不定冠詞は「いくつかあるうちの一つ」、b の定冠詞は「唯一の（適切な）もの」を表します。話し手は自分が聞き手に伝えたいことに従って冠詞を選択することになります。

　では、次の場合はどうでしょうか。2017 年 8 月に岡山の動物公園からゾウガメが脱走しました。近くの山に探しに行った飼育員が、草むらをかき分けながらカメを探していると、通りがかりの人に「いったい何をしているんですか？」と聞かれたとします。飼育員はどう答えるでしょうか。

　7）**a. Je cherche *une tortue*.**　カメを探しているんです。

　　b. Je cherche *la tortue*.　カメを探しているんです。

　カメの脱走について相手が何も知らないと思ったら、7）a のように une tortue を使います。でも、「脱走したカメのことはニュースになっているから、この人も知っているはず」と思ったら、7）b のように答えてもいいのです。つまり、冠詞の選択は、「指示対象」について聞き手がどのような知識を持っているかの話し手の判断にも左右されるということです。

　指示対象（référent）とは、名詞が言語形式を越えて結びつく現実世界の事物またはそれについての心的なイメージのことです。冠詞は、話し手がどの指示対象について話しているのかを聞き手に伝える手段の一つです。名詞が表す指示対象を限定することは、冠詞のもっとも重要な機能と言えるでしょう。指示対象を適切に限定するには、言い換えれば冠詞を適切に選択するには、話し手と聞き手の共有知識の重なりや言語文脈、発話の場などさまざまな次元の要素を考慮しなければなりません。このことが、外国語としてフランス語を学ぶ学習者にとって冠詞を謎めいたものにしていると考えられます。本書では、冠詞の重要な役割である現働化と限定、とりわけ限定について考えながら冠詞の正体を探ってゆきます。

謎を解く最初の手がかり

　冠詞のついた名詞を大きく二つに分類するときにまず最初に意識してほしい基準は、その名詞の表す対象が**特定**（spécifique）か**総称**（générique）かという基準です。「特定」と「総称」それぞれがどういうものか、具体例を見ながら考えてみましょう。

　あなたの家で、猫を二匹飼っているとします。猫を目当てに訪ねてきた友人に 1)「猫たちは庭にいるよ」と言うときの「猫」と、前は遊んでくれたのに今日はまったく相手にしてくれない猫を見て 2)「猫って、気まぐれだなぁ！」とつぶやくときの「猫」とでは、何が違うでしょうか。

1) *Les chats* sont dans le jardin.

2) *Les chats* sont capricieux !

　例 1) の猫も例 2) の猫もフランス語では定冠詞つき複数名詞句の les chats になりますが、表している対象は同じではありません。1) の les chats は話し手が飼っている「特定」の猫を表しますが、2) の les chats は「総称」の猫、つまり一般概念としての猫を表します。特定の指示対象とは現実世界のある時空間に存在するものであり、いっぽう総称の指示対象とは特定の時空間には依存せず、超時的・超空間的な概念としてのみ存在するものです。では、次の例 3) の un très joli cheval と Un cheval はそれぞれ特定でしょうか、総称でしょうか。

3) – Jacques a *un très joli cheval*. Il s'appelle Plaine au Cerf.

　　– Je ne sais pas si je le garderai encore longtemps, a dit Jacques de Bavière. *Un cheval*, ça coûte cher et je n'ai plus beaucoup le loisir d'en profiter.　　　　　　　　　　　（Patrick Modiano, *Un Cirque passe*）

　　「ジャックはとても素敵な馬を持っているの。鹿の平野って名前なの」

　　「これからもずっと飼い続けるかどうかわからないんだ」とジャック・ド・バヴィエール

は言った。「馬はお金がかかるし、馬を楽しむ時間も今はあまりないし」

　最初の un très joli cheval はジャックが飼っている馬のことですから「特定」の馬、次の Un cheval は馬についての一般的な話をしていますから「総称」の馬です。特定の馬を表す un très joli cheval が次の文で人称代名詞 il を用いて受け直されているのに対し、総称の Un cheval は指示代名詞 ça を用いて受け直しが行われていることも、特定と総称の違いを示すわかりやすいコントラストです。興味深いのは、前者は特定、後者は総称の名詞句なのに、いずれも不定冠詞単数が使われていることです。では、次の例 4）と 5）に現れる le loup（狼）は特定でしょうか、総称でしょうか。少し長いのですが、アルフォンス・ドーデの『風車小屋便り』の中の珠玉の短編「スガンさんの山羊」から引用します。

4）　**– Je veux aller dans la montagne, monsieur Seguin.**

　　– Mais, malheureuse, tu ne sais pas qu'il y a *le loup* dans la montagne... Que feras-tu quand il viendra ?...

　　– Je lui donnerai des coups de corne, monsieur Seguin.

　　– *Le loup* se moque bien de tes cornes. Il m'a mangé des biques autrement encornées que toi...

（Alphonse Daudet, *Lettres de mon moulin*）

「山へ行きたいんです、スガンさん」

「困った子だね、山には狼がいることを知らないね …。狼が出てきたらどうする？」

「角で突いてやりますよ」

「狼はおまえの角なんかまったく問題にもしないよ。おまえとは比べものにならないような角を持つ牝山羊を、私は何匹も喰われてしまったんだ …」

5）　**Blanquette se sentit perdue... Un moment, en se rappelant l'histoire de la vieille Renaude, qui s'était battue toute la nuit pour être mangée le matin, elle se dit qu'il vaudrait peut-être mieux se laisser manger tout de suite ; puis, s'étant ravisée, elle tomba en garde, la tête basse et la corne en avant, comme une brave chèvre de M.**

Seguin qu'elle était... Non pas qu'elle eût l'espoir de tuer *le loup*, – les chèvres ne tuent pas *le loup*, – mais seulement pour voir si elle pourrait tenir aussi longtemps que Renaude...　　　　　　　　　　(*Ibid.*)

ブランケットはもうお仕舞いだと思った …。一瞬、一晩中闘って朝に食べられてしまったルノードさんのことを思いだして、いっそすぐにも食べられたほうがましだとも思ったが、やがて考え直し、自分はスガンさんの勇敢な牝山羊だとばかり、頭を低く下げ角を前に突き出してさっと身構えた …。狼を殺そうという望みを抱いたからではなく ── もとより牝山羊が狼を殺すなんてことはない、 ── ただ、自分がルノードさんと同じくらい長く持ちこたえられるかどうか試してみたかったのだ …

　4）の le loup は（これまでにスガンさんの山羊を何匹も食べてしまった）山に棲んでいる特定の狼のことです。5）の l'espoir de tuer le loup の le loup も 4）と同じく特定の狼を表しますが、次の les chèvres ne tuent pas le loup（牝山羊が狼を殺すなんてことはない）の le loup は総称の狼を表しています。いずれも単数定冠詞つきの le loup が用いられていますね。

　フランス語のテクストに現れる名詞句の表す指示対象が特定なのか総称なのかは、ほとんどの場合、文脈から容易に判断することができるでしょう。フランス語学習者にとっての冠詞の難しさは、フランス語の文を解釈しようとするときではなく自分で文を作ろうとするときに生じます。なぜなら、1）から 5）の例が示すように、定冠詞も不定冠詞も特定・総称いずれの指示対象についても用いられるからです。つまり、「特定ならこの冠詞を使う」とか「総称ならこの冠詞を使う」というような単純な規則は存在しません。一般に特定の指示対象のみに使用されると思われがちな指示形容詞ですら、特定と総称いずれの指示対象にも用いられます。指示形容詞つきの名詞句 ces bêtes が現れる次の例 6）と 7）を見てみましょう。

6）Ils se trouvèrent, dans une vallée, en un lieu découvert, les demeures de Kirkè, construites en pierres polies. Et tout autour erraient des loups montagnards et des lions. Et Kirkè les avait domptés avec des breuvages perfides ; 〔...〕 Ainsi les loups

aux ongles robustes et les lions entouraient, caressants, mes compagnons ; ceux-ci furent effrayés de voir *ces bêtes féroces*, et ils s'arrêtèrent devant les portes de la déesse aux beaux cheveux.

(Homère, *L'Odyssée*, traduit par Leconte de Lisle)

こうして一行の目に入ったのは、山間の見晴らしの良い所に磨き上げた石材で建てられたキルケの館であった。館の周りには山に棲む狼や獅子がいたが、キルケの恐ろしい薬で調教されていた。〔…〕このように爪の鋭い狼や獅子たちがじゃれながら私の部下たちを取り囲んでいた。部下たちはこの獰猛な獣たちを見て震え上がったが、麗しい髪の女神の館の戸口の前で立ち止まった。

7) **Le vétérinaire avait extrait la balle et entouré l'arrière-train du chien d'un pansement.**

– *Ces bêtes-là*, ça a la vie tellement dure !...

(Georges Simenon, *Le Chien jaune*)

獣医は銃弾を取り出すと、犬の後半身に包帯を巻いた。「こういう動物ってのは、頑丈な体をしているものだね！」

　例 6)の ces bêtes féroces（この獰猛な獣たち）は先行文脈の les loup（狼）と les lions（獅子）を受け直す特定の名詞句です。いっぽう例 7)の ces bêtes-là（こういう動物）は、発話の現場にいる犬をふまえながら犬のカテゴリー全体を表す総称の名詞句であると考えられます。

　以上からわかることは、「特定の指示対象」専用の冠詞や「総称の指示対象」専用の冠詞はないということです。すべての冠詞が特定の指示対象にも総称の指示対象にも用いられると言っても良いでしょう。しかし、名詞句の指示対象が「特定」と「総称」のどちらに分類されるかを意識することが、これからの謎解きの旅 ── Notre Odyssée ── を魔物に惑わされずに続けるために大事なことです。

　次の課では、「特定（spécifique）」の指示対象をさらに二つに分類する基準を提案します。

謎を解く第 2 の手がかり

　2 課で説明したように、冠詞のついた名詞は「特定」か「総称」かのいずれかに分類することができます。本書では、2 章と 3 章で特定の名詞句について、4 章で総称の名詞句について考えます。この課では、特定の名詞句について適切な冠詞を選ぶための大まかな見取り図を描いて、旅の指針とすることにします。

　フランス語で意識すべき冠詞は、定冠詞、不定冠詞、部分冠詞の三つです。本当はこの三つ以外に無冠詞の場合についても考える必要があるのですが、主語と述語からなるフランス語の文で名詞が無冠詞で用いられるのは限られた場合なので、ここではひとまず脇に置いておきます。また、限定詞の一つである指示形容詞については、本書では指示形容詞と定冠詞の選択が問題となる場合に必要に応じて説明することにします。

　特定の指示対象を表す名詞に冠詞をつけるとき、最初に考えるべきなのは、指示対象が「定（défini）」か「不定（indéfini）」かという問題です。この「定」と「不定」という概念は、2 課で話題にした「総称」と対概念になる「特定」とは異なる次元のもので、「特定」の指示対象のなかに「定」のものと「不定」のものがあります。

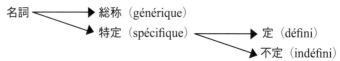

　定と不定の区別を知ることがまさに冠詞の使い分けを理解する鍵で、それが本書の旅の大きな目的の一つです。長い旅の最後には、定と不定それぞれの正体がつかめるはずです。旅の見通しを立てるために、定と不定の定義の大枠をここで説明しておきます。

　まずは「不定」の対象のイメージについて説明します。「これからパン

屋に行ってバゲット買ってくるけど、他に何か買ってきてほしいものある？」と聞かれて、「エクレア一つ買ってきて！」とお願いするなら、例えば 1）のように言うでしょう。

1）Achète-moi *un éclair*, s'il te plaît !

　買ってきてもらうエクレアが、パン屋で売られている（いくつもあるはずの）エクレアのうちのどの個体なのか、ここでは限定されていません。話し手も聞き手も、特定の一つのエクレアをイメージしていないのです。かと言って、一般概念としての「総称」のエクレアの話をしているわけでもありません。この 1）の文脈でのエクレアが、まさに「不定」の指示対象に相当します。1）ではエクレア（éclair）には不定冠詞がつきます。この文脈では éclair に定冠詞や部分冠詞はつきません。

　次に「定」の指示対象のイメージについて説明します。さて、買ってきてもらったエクレアを食後のデザートに食べようと思っていたら、冷蔵庫に入れておいたはずのエクレアが見当たりません。「ねえ、エクレアはどこ？」と聞くなら、2）のように言うでしょう。

2）Dis-moi, où est *l'éclair* ?

　ここでは、どのエクレアについて話をしているのか話し手にも聞き手にもわかっています。この場合のエクレアが「定」の指示対象に相当し、éclair には定冠詞がつきます。つまり、「定」の指示対象とは、話題になっている対象が何のことであるかについて、話し手と聞き手のあいだで共通の認識があるもののことです。それに対して「不定」の指示対象とは、話題になっている対象について話し手と聞き手のあいだに共通認識がないもの、聞き手にどれのことかわからないもののことです。

　定冠詞がつくのは「定」の指示対象で、不定冠詞がつくのは「不定」の指示対象ということは、上の例 1）と 2）から推測できるでしょう。では、部分冠詞は「定」と「不定」のどちらなのでしょうか。例えば、3）で「夕食に足りないものある？」と聞かれて、「ワインとチーズを買わないと」と言うときのワイン（vin）とチーズ（fromage）は、どのワインとチーズ

のことか決まっていないのですから「不定」の指示対象です。

3) – Il manque quelque chose pour le dîner ?
   – Il faudra acheter *du vin* et *du fromage.*

3) の vin と fromage に不定冠詞ではなく部分冠詞がつくのは、vin と fromage が「数え（られ）ないもの」、不可算の名詞だからです。不定冠詞と部分冠詞はいずれも不定の名詞につきますが、前者は可算の名詞に、後者は不可算の名詞につきます。

では、定の指示対象に用いられる定冠詞は、可算と不可算のどちらの名詞に使われるのでしょうか。実は、定冠詞は可算と不可算のどちらの名詞にも使えるのです。

4) J'ai acheté *une baguette* et *un éclair* à la boulangerie. *L'éclair* est dans le frigo.

　　パン屋でバゲットとエクレアを買ったよ。エクレアは冷蔵庫ね。

5) – Tu as acheté *du vin* et *du fromage* ?　　– Oui, *le vin* est à la cave.

　　– ワインとチーズは買ったの？　　– うん、ワインは地下室だよ。

例 4) の最初の文の éclair は可算名詞、そして不定の指示対象なので不定冠詞がつきます（un éclair）が、ひとたび話題にされて話し手と聞き手のあいだで共通の認識を得ると定の指示対象になり、定冠詞が用いられます（l'éclair）。いっぽう例 5) の最初の vin は不可算、そして不定の指示対象なので部分冠詞がつきます（du vin）が、4) の éclair と同じく二度目に言及されるときには定の指示対象になり、定冠詞が用いられる（le vin）のです。つまり、不定冠詞は不定の可算名詞に、部分冠詞は不定の不可算名詞に用いますが、定冠詞は定の指示対象であれば可算名詞にも不可算名詞にも用いられるのです。ここまで説明した名詞句の指示対象の定・不定と冠詞の関係を図にすると、次のようになります。

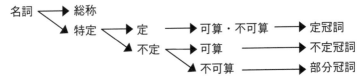

　名詞の指示対象は「総称」か「特定」かのいずれかに分けることができます。「特定」の対象について話すとき、それが「定」の対象であれば可算名詞でも不可算名詞でも定冠詞がつきます。「不定」の対象について話すとき、それが可算のものとして捉えられれば不定冠詞が、不可算のものとして捉えられれば部分冠詞がつきます。

　「不定」の指示対象はさらに 2 種類に分けることができます。

不定（indéfini）━━━━▶ 特定（spécifique）
　　　　　　　　　━━━━▶ 不特定（non-spécifique）

6）［オウムを飼いたい女性とペットショップの店員の会話］

> **– Je cherche *un perroquet* qui puisse dire des mots ou des petites phrases.**
>
> **– Vous avez déjà eu *des oiseaux* chez vous ?**
>
> **– J'avais *un canari* quand j'étais petite. Mais il ne parlait pas.**

「話すことができるオウムを探しているのですが」

「鳥は飼ったことがありますか？」

「小さいときにカナリアを飼っていました。でも言葉は喋れなかったわ」

　例 6）の un perroquet（オウム）、des oiseaux（鳥）、un canari（カナリア）の三つはいずれも不定の名詞句です。しかし、最初の un perroquet については、話し手は特定の 1 羽のオウムを思い描いているわけではなく、話し手にとっても聞き手にとっても不特定（non-spécifique）のオウムです。同じく次の店員の発話の des oiseaux も、話し手にとっても聞き手にとっても不特定のオウムです。しかし、最後の un canari は、聞き手の店員にとっては不特定の個体ですが、話し手にとっては自分が過去に飼っていた特定（spécifique）の 1 羽のカナリアです。話し手にとっては特定の個体であっても聞き手にとって特定できる個体でなければ、複数の話者が参加する談話の中ではそれは不定の指示対象と捉えられますから、冠詞は不定冠詞または部分冠詞が選択されます。例 6）のカナリアは可算名詞なので、ここでは不定冠詞が用いられていますが、不可算名詞の場合には部分冠詞が用いられます。

4課 冠詞と名詞句の相関関係の俯瞰図

　ここまで学んだことを簡単におさらいして、冠詞と名詞句の相関関係の全体像を俯瞰的に把握しておきましょう。まず冠詞には、名詞に現実世界での実体を与える「現働化」の働きと、名詞が表す指示対象の数量や特定性についての解釈の手がかりを与える「限定」の働きがあります。

1) ［ホテルのカフェで、ペルノー（アニス酒）の入った自分のグラスの中身に疑いをもった医者（医師の免状はあるが開業していない）が薬屋に］

　　– Écoutez, Kerdivon... Il faut immédiatement nous analyser le contenu de cette bouteille et des verres...〔...〕

　　– Quelle réaction dois-je essayer ?... Qu'est-ce que vous pensez ?... 〔...〕

　　– *Strychnine...* souffla le docteur.　　　　　（Simenon, *Le Chien jaune*）

　　　「いいかい、ケルディヴォン …この瓶とグラスの中身を至急分析してもらいたいんだ …」

　　　〔…〕「どんな反応を調べたらいいんでしょう？　いったい何だと思うんです？」〔…〕

　　　「ストリキニーネだよ …」と医師がささやくように言った。

2) ［薬屋は瓶とグラスの中身を分析してカフェに戻ってくる］

　　– C'est une plaisanterie, n'est-ce pas ?... Personne n'a bu ?...

　　– Eh bien ?...

　　– *De la strychnine*, oui !... On a dû la mettre dans la bouteille il y a une demi-heure à peine...
　　　　　　　　　　　　　　　　　　　　　　　　　　　　　　　　（*Ibid.*）

　　　「これは冗談なんですよね？　誰も飲んでませんよね？」

　　　「それで、どうだったんだい？」

　　　「ストリキニーネです、確かに！　せいぜい30分ほど前に瓶に入れたんでしょう …」

　瓶とグラスに何が入っていると思うのかと薬屋が医者に聞く例1）では、strychnine は医者の思いつきのアイデアで、ただ概念として喚起され

20

ているだけなので無冠詞です。しかし、中身を分析した薬屋が毒物の混入を告げる例 2) では、現実世界での実体をともなう指示対象としてのストリキニーネなので、部分冠詞つきの de la strychnine が用いられています。これが冠詞による現働化です。

　冠詞のついた名詞句は総称（générique）か特定（spécifique）かのいずれかに分類され、特定の名詞句はさらに定（défini）か不定（indéfini）かのいずれかに分けられます。名詞の表す指示対象について、総称か特定か、定か不定かなどの解釈のための情報を与えることが冠詞による限定です。

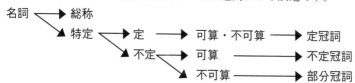

　定の名詞句とは、話題になっている対象が何のことであるかについて、話し手と聞き手のあいだで共通の認識がある名詞句のことです。単数の名詞句であればほとんどの場合、指示対象が一つに特定される名詞句と言ってもいいでしょう。それに対して不定の名詞句とは、話題になっている対象について話し手と聞き手のあいだに共通の認識がないもの、一つに特定されないもののことです。

3）［ホテルのカフェで働くウェイトレスをメグレが問い詰める］

　　– Qu'est-ce qu'il voulait ?

　　– Il m'a demandé la même chose que vous... Il m'a menacée... Il voulait que je lui dise qui a touché à _la bouteille_...

（Simenon, Le Chien jaune）

「彼は何の用だったんだ？」

「あなたと同じことを聞かれました …。私を脅して …。誰があの瓶にさわったか、言えって …」

4）［カフェにあったすべてのアルコール類の瓶の中身を分析した薬屋が］

　　– C'est fait, commissaire ! Quarante-huit bouteilles analysées ! Et

sérieusement, je vous jure ! Aucune trace de poison ailleurs que dans *le pernod* et *le calvados*...　　　　　　　　　　　　　　　(*Ibid.*)

「すみましたよ、警視さん！ 48本すべて分析しました！ 真面目なところ、これは間違いありません！　ペルノーとカルヴァドス以外には毒の入っていた痕跡はぜんぜんありません…」

　例 3) の bouteille は例 1) と 2) で話題になったペルノーの入った瓶のことで、話者のあいだでどの瓶のことかが明らかな瓶なので、定の指示対象です。例 4) の pernod と calvados はカフェにあったペルノー（の瓶）とカルヴァドス（の瓶）のことで、話者のあいだで共通の認識があるものですから、これも定の指示対象です。瓶 bouteille は可算名詞で、物質名詞である pernod と calvados は本来は不可算名詞ですが、定の指示対象であれば、可算名詞にも不可算名詞にも定冠詞が用いられます。

　いっぽう不定の対象については、それが可算のものとして捉えられれば不定冠詞が、不可算のものとして捉えられれば部分冠詞がつきます。

5) Raymond, voulez-vous demander *une paille* au garçon ? C'est indispensable avec les oranges pressées.　　　(F. Sagan, *Bonjour tristesse*)

レイモン、ウェイターにストローを1本くれるよう頼んでくれない？　オレンジジュースには必要だわ。

6) Je ne sais pas au juste d'où je viens. J'ai dormi cette nuit-ci sur *de la paille* dans une grange.　　　(Victor Hugo, *Quatrevingt-treize*)

私は自分がどこから来たのかも覚えていません。ゆうべは納屋の中のわらの上で眠りました。

　例 5) でも例 6) でも、話し手と聞き手の双方が一つに特定できる paille は想定されていません。どの paille について話しているのかは問題ではないのです。これが不定の指示対象で、5) のように数えられる「ストロー」（paille）については不定冠詞が、6) のように量として捉えられる「わら」（paille）については部分冠詞が用いられます。興味深いのは、同じ paille という名詞でも、指示対象の捉え方次第で名詞 paille の意味は変わり、可算名詞にも不可算名詞にもなるということです。

　不定（indéfini）の名詞句には大きく分けて二つあることも意識してお

きましょう。一つは 5) の une paille や 7) の un chat のように、話し手と聞き手のどちらも特定の対象を念頭に置いていない場合、もう一つは 6) の de la paille や 7) の une tasse のように、ある特定の時空間に存在した特定の対象ではあるが聞き手にはどれのことか特定されない場合です。

7) 〔自分の留守中に家の中のものが動いていると訴える女性とメグレ〕

– Qu'est-ce que vous avez entendu ?

– *Une tasse* est tombée, dans la cuisine, et s'est brisée. Je suis descendue aussitôt. 〔...〕 Il n'y avait plus personne. Les morceaux de la tasse étaient par terre. 〔...〕

– *Un chat* n'aurait pas pu s'introduire chez vous ?

（Simenon, *La Pipe de Maigret*）

「何が聞こえたんですか」

「台所でカップが落ちて割れる音です。私はすぐに階下に降りました。〔…〕もう誰もいませんでした。カップの破片が床に落ちていました」〔…〕

「猫がお宅に入り込んだのでは？」

　例 7) のカップ une tasse は、話し手の台所で落ちて割れた特定の個体で、話し手には一つに特定できても聞き手には特定できない不定の指示対象です。それに対して猫 un chat は、話し手にとっても聞き手にとっても特定の個体が存在しない不定の指示対象です。

　日常のコミュニケーションでは話し手と聞き手は頻繁に交替するので、ここでは話し手と聞き手を区別せず、ただ複数の話者がいるコミュニケーションの場を想定して定と不定の違いを説明しましょう。談話の世界は、複数の話者が参加して少しずつ構築してゆくものです。定の指示対象とは、この談話世界ですでに存在前提を持つ要素であり、談話に参加する話者が共通して認識できる対象のことです。いっぽう不定の指示対象とは、この談話世界に存在前提を持たず、名詞句の言及によって談話の世界に新たに導入される要素のことです。さあ、ここまで学んだことを俯瞰図として、冠詞と名詞の名所・難所を訪ねる旅に出かけましょう。

クスクス・ロワイヤルの謎

◇◇◇

　フランスに留学していた頃、パリの 14 区にあるクスクス料理を専門とする
某レストランで何度か食事をした。クスクスとは、小麦から作る直径 1mm ほ
どの粒状のパスタのことで、フランス語ではスムール（semoule）ともいう。
蒸したスムールに肉と野菜を添えスープをかけて食べる料理のこともクスク
スといい、これは北アフリカの伝統料理である。パリ 14 区のそのレストラン
には、あわせる肉の種類によって鶏肉のクスクスや仔羊のクスクスなど複数
のクスクス料理があったが、店の名物料理は鶏肉・仔羊肉・メルゲーズソー
セージ・肉団子など数種類の肉と野菜が入ったクスクスで、これは couscous
royal と呼ばれていた。一般に、数種類の肉と野菜の入った豪華なクスクスの
ことを couscous royal と呼ぶらしい。私が初めて友人たちと店を訪れたと
き、友人が « Cinq couscous royal... » と注文を告げると、ウェイターがす
ぐに « Royaux！» と訂正したのである。確かに、-al で終わる形容詞の男性複
数形は -aux になるのが原則だから、couscous royal の複数形は couscous
royaux になるはずである。しかしその後、私はその店を訪れるたびにフラン
ス人がどう注文するか耳をそばだてて聞いていたのだが、どの客も複数でも
必ず couscous royal と注文していた。それに対し、ウェイター（おそらく
フランス語の母語話者ではなかったと思う）はいつも « Royaux！» と訂正し
ていたのである。あらためてフランスの友人たちに couscous royal の複数形
について尋ねてみると、「複数でも couscous royal だろう」と答える人が多
かった。冷凍食品メーカーのピカールも、« Acheter vos Couscous Royal
surgelés chez Picard »（冷凍クスクス・ロワイヤルはピカールで）という
広告を出している。つまり、couscous royal は不変化の料理名なのだろう。
だが私は最近、ネット辞書の Wiktionnaire に kir royal（キール・ロワイヤル：
カシス・リキュールをシャンパンで割った飲み物）の複数形として、kirs
royals と kirs royaux の二つの形を見つけてしまったのである…。

第2章

定冠詞の意味

第1章で、指示対象が定であれば定冠詞、指示対象が不定であれば不定冠詞または部分冠詞が用いられると説明しました。第2章では、定冠詞が用いられる条件に焦点をあてます。定冠詞単数が用いられるのは、「指示対象が何らかの枠組みにおいて唯一である」ときです。これを「唯一性説」と呼びます。指示対象の唯一性がどのような枠組みにおいて成り立つのかを知ることが定冠詞を理解する鍵です。本書では、共有知識・発話状況・言語文脈・認知フレームの4種類の枠組みを区別し、それぞれの枠組みにおける定冠詞の用法について考えます。第2章ではとりわけ定冠詞単数の用法について詳しく学びますが、「唯一性」を表す定冠詞単数と「包括性」を表す定冠詞複数とはつながっています。定冠詞単数と定冠詞複数の接点については5課と17課で解説します。

5課 定冠詞単数の正体は唯一性

　ある名詞について適切な冠詞を選択するには、まず指示対象が定なのか不定なのかを見極めることが重要です。定の名詞については、可算名詞でも不可算名詞でも定冠詞が用いられることは第1章3課で説明したとおりです。第2章では、指示対象が定であると捉えられる条件、すなわち定冠詞が用いられる条件について考えます。

　定冠詞単数と定冠詞複数の用法はもちろんつながっていますが、まずは定冠詞単数の使用条件を見てみましょう。単数の名詞について定冠詞単数が用いられる条件は、ずばり「指示対象が何らかの枠組みにおいて唯一であること」！　言語学では**唯一性説**（Théorie de l'unicité）と呼ばれるものです。より厳密には「何らかの枠組みにおいて存在前提が想定されるような唯一の指示対象があること」と定義できます。つかみどころのない定冠詞の謎を解く鍵は「指示対象の唯一性を支える枠組みが何であるのか」を知ることです。指示対象が唯一のものと捉えられる枠組み（または指示対象が定であると捉えられる枠組み）として次の4種類を区別しましょう。

　A. 共有知識における唯一性（6課）

　B. 発話状況における唯一性（7課〜9課）

　C. 言語文脈における唯一性（10課〜14課）

　D. 認知フレームにおける唯一性（15課・16課）

　この4種類の枠組み（または唯一性）は、「名詞句を解釈するための情報をどこから得るのか」という基準に従って分けられたものです。典型的な例を用いて、それぞれの用法を簡単に説明します。

1) Dimanche, *le président français* a visité le Taj Mahal en compagnie de son épouse.

　　日曜、フランス大統領は夫人とともにタージ・マハルを訪問した。

2）**On va ouvrir** *la fenêtre*. **On étouffe ici.**

　　窓を開けよう。ここは息が詰まりそうだ。

3）**La sorcière vole sur un balai avec son chat noir. Elle porte un chapeau pointu noir et une robe noire, elle aussi.** *La robe* **est en peau de dragon.**

　　魔女は黒猫と一緒に箒に乗って空を飛びます。黒いとがった帽子とこれまた黒い服を身につけており、その服はドラゴンの皮でできています。

4）［新聞で］**Un homme est mort, dans le Jura, piqué par des guêpes.** *Le nid* **a été détruit par les pompiers.**

　　ジュラ県で、男性がスズメバチに刺されて死亡した。蜂の巣は消防隊員によって駆除された。

　　例 1）の le président français は、話し手と聞き手の共有知識によって発話時点において一人に決まるフランスの大統領で、これが A の共有知識に依存する唯一性です。フランスの大統領は時期を限定すれば一人しかいませんから定冠詞単数を用いることができますが、大臣であればフランスには複数の大臣がいますから、un ministre français と不定冠詞を使います。あるいは、例えば le ministre français des Affaires étrangères（外務大臣）のように役職を明確にすれば、その時点において一人に決まる大臣になるので定冠詞単数が用いられます。例 2）は発話の現場において開けるべき窓が一つあるという状況での発話で、この la fenêtre の用法が B の発話状況に依存する唯一性の用法です。もしこの部屋に窓が複数あって、そのうちの一つの窓を開けるのであれば、On va ouvrir *une fenêtre*. のように不定冠詞単数を用います。あるいは、部屋に複数の窓があった場合でも、いつも開けている窓が一つあるのであれば定冠詞単数の la fenêtre が用いられますが、この場合は A の共有知識に依存する唯一性の用法になります。例 3）の la robe（ドレス）は直前の une robe noire を受け直しています。先行文脈にある robe はこの une robe noire だけなので、la robe がどの robe のことであるかは読み手にもすぐわかります。これが C の言語文脈にお

ける唯一性の用法です。例4) は新聞記事のリード文ですが、nid（蜂の巣）は初めて現れる名詞なのに定冠詞が用いられています。直前の文で「男性がスズメバチに刺されて死亡した」と述べられており、消防隊員の駆除したのがこのスズメバチの巣であるとわかるため、定冠詞が用いられています。これが D の認知フレームにおける唯一性です。認知フレームがどういうものかについては 15 課で説明しますので、ここではこれ以上触れません。

　以上のように、定冠詞単数が用いられるのは「何らかの枠組みにおいて指示対象が唯一であるとき」または「何らかの枠組みにおいて存在前提を持つような唯一の指示対象があるとき」なのですが、支えとなる枠組みには A の共有知識（例1）、B の発話状況（例2）、C の言語文脈（例3）、D の認知フレーム（例4）のようにさまざまなタイプがあります。次の 6 課から、具体例をもとに A, B, C, D の四つの用法について詳しく解説します。指示対象の「存在前提」については 7 課と 8 課で取り上げます。

　定冠詞単数の条件を「何らかの枠組みにおいて唯一であること」と定義すると、「定冠詞複数の場合はどう説明するのか、複数名詞の指示対象は唯一ではないだろう」と問い詰められそうですが、大丈夫です！ 定冠詞のついた名詞句は単数であれ複数であれ、「何らかの枠組みにおいて、名詞句の表す記述内容が当てはまるすべての個体」を表します。これが定冠詞の表す**包括性**（inclusion）です。そして定冠詞単数は、「記述内容に当てはまる個体がその枠組みに一つしか含まれていない場合」なのです。つまり、「ある枠組みにおいて、名詞句の表す記述内容に当てはまる個体は一つである」という定冠詞単数の唯一性と「ある枠組みにおいて、名詞句の表す記述内容に当てはまる個体すべてを表す」という定冠詞複数の包括性とはつながっているのです。

5）**Tu dois remettre** *le jouet* **à sa place. Sinon, tu seras privé de dessert.**

6）**Tu dois remettre** *les jouets* **à leur place. Sinon, tu seras privé de dessert.**

　例 5) も例 6) も「おもちゃをちゃんと片づけなさい、片づけないとデザートは抜きだよ」と親が子供に言う発話ですが、5) で定冠詞単数の le jouet が用いられているのは、おもちゃは一つしかないという発話状況だからです。これが定冠詞単数の表す唯一性です。いっぽう 6) で定冠詞複数の les jouets が用いられているのは、この発話状況にはおもちゃは複数あり、その複数あるおもちゃすべてを片づけなさいと言っているからです。これが定冠詞複数の表す包括性です。5) の le jouet も 6) の les jouets も、「発話状況において名詞句の記述内容が表すすべての個体」を表しています。定冠詞単数の唯一性と定冠詞複数の包括性とが重なり合っているのが感じとれるでしょうか。ここで、定冠詞の例 5)・6) と不定冠詞単数・複数の例 7)・8) とを比較してみましょう。

　7)　［おもちゃ売り場で］**– Tu m'achèteras *un jouet* ?　– Si tu es sage.**

　　「おもちゃ、買ってくれる？」「いい子にしてたらね」

　8)　［おもちゃ売り場で］**J'aimerais acheter *des jouets* comme cadeau de Noël pour mes petits-enfants.**

　　孫たちへのクリスマスプレゼントにおもちゃを買いたいんです。

　7) は、おもちゃ売り場にあるいくつものおもちゃの中から一つを買ってと子供がおねだりしている発話で、un jouet は「任意の一つ」のおもちゃを表します。ここでは話し手と聞き手とって同じ個体の一つのおもちゃが想定されているわけではないので、定冠詞単数の条件が求める唯一性は満たされておらず、不定冠詞が用いられています。8) は同じくおもちゃがたくさん並んでいるおもちゃ売り場での発話で、des jouets は「（たくさんあるうちの）いくつかのおもちゃ」を表しています。8) で、もし定冠詞複数の les jouets を使ったら、話し手が売り場のおもちゃを全部買おうとしていることになってしまいます。定冠詞複数は包括性つまりすべてを表しますが、不定冠詞複数は集合の一部（ただし数えられるものの集合の一部）を表すのです。不定冠詞と部分冠詞については第 3 章で詳しく学びます。

6課 共有知識における唯一性

　この課では、共有知識において唯一であるとみなされる指示対象について検討します。「何らかの枠組みにおいて唯一であると捉えられる指示対象には定冠詞が使われる」と5課でお話ししましたが、そのような枠組みの一つが共有知識です。共有知識には「百科事典的な共有知識」と「個人的な記憶に基づく共有知識」の二つがあります。まずは百科事典的な共有知識に依存する唯一性の例から見てみましょう。

1) **Écrivains que nous sommes et toujours courbés sur l'Art, nous n'avons guère avec la nature que des communications imaginatives. Il faut quelquefois regarder *la lune* ou *le soleil* en face.**

（Flaubert, *Correspondance, 26 août 1853*）

　作家であり常に芸術に専念する我々と自然との対話はほとんど想像力に頼ったものです。ときには月や太陽を正面から見なければなりません。

2) **Quand je regarde une des petites étoiles de *la Voie Lactée*, je me dis que *la Terre* n'est pas plus grande que l'une de ces étincelles. Et moi qui gravite une minute sur cette étincelle, qui suis-je donc, que sommes-nous ?** （Flaubert, *Correspondance, juin 1857*）

　天の川の小さな星々の一つを眺めるとき私が思うのは、地球はこれらの星と同じくらいちっぽけなのだ、ということです。では、この星の一つに一瞬身をゆだねる私は誰なのでしょう、私たちは何者なのでしょう？

　一般に太陽（soleil）や月（lune）、地球（terre）、天の川（Voie Lactée）は唯一物と考えられており、フローベールは自分の文通相手にも同じ知識があると思っているため定冠詞単数を用いています。言い換えると、例1）の la lune や le soleil、例2）の la Voie Lactée や la Terre などは発話参加者の百科事典的な共有知識に唯一のものとして登録されており、定冠詞

単数が用いられるのです。例 3）と例 4）を見てみましょう。

3） *Le pape* **demande aux catholiques birmans de renoncer à la colère**
　　et à la vengeance. （*Le Monde,* 29/11/2017）

　　　ローマ法王、ミャンマーのカトリック教徒に怒りや報復の気持ちを捨てるよう呼びかける

4） *La ministre des transports* **s'engage à ce que la SNCF « reste une**
　　société publique » （*Le Monde,* 29/03/2018）

　　　交通担当大臣はフランス国鉄 SNCF が公共企業体として存続することを約束する

　2017 年 11 月時点でのローマ法王がフランシスコ法王（le Pape François）
であることは周知のことですから、例 3）の le pape（ローマ法王）はこの
新聞記事を読む人にとって百科事典的共有知識における唯一性を満たす指
示対象です。例 4）はフランス国鉄の機構改革についての議論が進む 2018
年 3 月 29 日のとある新聞記事の見出しです。フランスの内閣にひとりの交
通担当大臣がいることはフランス国民にとっては自明のことであり、例 4）
の la ministre des transports は記事の書き手と読者（＝発話参加者）の百科
事典的知識において唯一の指示対象を持つと言えるでしょう。

　万人に共有されている百科事典的知識とは言えなくても、比較的広い範
囲をカバーするコミュニティによって共有されている共有知識もあり、そ
の共有知識において唯一であるとみなされる指示対象もあります。

5） ［パリのあるブラッスリーで、メグレ警視は顔見知りに話しかけられる］

　　　– 〔...〕 À propos, c'est vrai, ce qu'on raconte ?...

　　　– Que voulez-vous dire ?

　　　– *L'assassin*... vous savez...

　　　– Bah ! Il n'y a pas de quoi s'inquiéter...

（Simenon, *La Tête d'un homme*）

　「〔…〕ところで、噂は本当なんですか？」

　「何のことです？」

　「あの殺人犯のことですよ … ほら、例の …」

　「ああ！ なに、心配するようなことはありませんよ …」

6）〔事件の目撃者にメグレ警視が尋ねる〕

– Où habitez-vous ?...

– Je suis *le voilier*... Vous êtes passé dix fois devant chez moi... A droite du port... Plus loin que la halle aux poissons...

（Simenon, *Le Chien jaune*）

「あなたの家はどこです？」

「おれはあそこの製帆屋ですよ …。あんたはおれの家の前を10ぺんは通ってますよ …。港の右手の方で … 魚市場の先のあたりです …」

　例5）の l'assassin はパリで噂になっている脱獄した殺人犯のことで、質問した人と質問されたメグレの共有知識において唯一に特定される指示対象なので定冠詞単数が用いられています。例6）では、家の場所を訪ねられた人が「自分の家の前を何度も通っているメグレには、自分が製帆屋であると言えば自分のことはわかるだろう」と考えて、自分とメグレが共有する共有知識に登録されている（であろう）唯一の指示対象である製帆屋を定冠詞単数つきの le voilier で表しています。

　また、家族や友人などごく狭い範囲で共有されている「個人的な記憶に基づく共有知識」において唯一とみなされる指示対象もあります。

7）Michel ： Quelle impression ça te fait, Patricia, d'être dans une voiture volée ?

　　Patricia ： Et toi, quand tu as tué *le policier* ?

　　Michel ： J'ai eu peur.　　　（*À bout de souffle*, film de Jean-Luc Godard）

ミシェル「パトリシア、盗難車に乗るのはどういう感じだい？」

パトリシア「あなたは、警官を殺したときどんな感じだったの？」

ミシェル「恐かったよ」

　例7）のパトリシアの台詞にある le policier は、ミシェルがマルセイユからパリまでの道中で射殺した警官のことで、万人が有する百科事典的共有知識における唯一物とは言えませんが、パトリシアとミシェルの共有知識においては唯一に特定される指示対象なので定冠詞が用いられています。

　ここまで、「百科事典的な共有知識」と「個人的な記憶に基づく共有知識」のいずれかにおいて唯一とみなされる指示対象について定冠詞単数が用いられる例を見てきましたが、共有知識において唯一であるはずの指示対象について不定冠詞が用いられる場合もあります。

8）Il songe qu'il est seul. Sur le cadran de l'altimètre, *le soleil* miroite. *Un soleil lumineux et glacé.* 　　　　　　　（Saint-Exupéry, *Courrier sud*）

彼は今、自分がひとりだと思う。（飛行機の）高度計の文字盤に太陽がきらめいている。明るく、凍りつくような太陽だ。

　例 8）では、最初の「太陽」（le soleil）については、例 1）の le soleil と同じく百科事典的共有知識における唯一性の条件を満たしているために定冠詞が使用されています。しかし、二つ目の「太陽」（un soleil）には、lumineux と glacé という形容詞がついているために「さまざまな太陽の集合から、明るく凍りつくような太陽を抽出する」という言語操作が行われて不定冠詞が選ばれています。不定冠詞つきの名詞句 un X は「いくつかある X のうちの一つ」を表すからです。本来は唯一物である指示対象 X に形容詞や関係節などの修飾語句がつくことで、「複数化」した X のある側面・特徴が取り出されて、X の集合から抽出された一つの X に不定冠詞が用いられるのです。同じような現象は国名などの固有名詞についても起きます。フランス語では、例えば la France や le Japon, les Pays-Bas, l'Inde のように国名には基本的に定冠詞がつきますが、例 9）で une France... と不定冠詞が用いられているのは、関係節によって複数化したフランスの集合から、ある特徴を持つ一つのフランスを抽出しているからです。

9）［フランスの人権団体 Cimade の代表がリベラシオン紙のインタヴューで］**Enfermer dans un système quoi qu'on en dise carcéral, ce n'est pas digne d'*une France qui se présente comme celle des droits de l'homme.***

　　　　　　　　　　　　　　　　　　　　　（*Libération*, 19/02/2018）

刑務所のような場所に（移民を）閉じ込めるという政策は、人権の国を標榜するフランスにはふさわしくありません。

　7 課から 9 課では、発話状況において唯一であるとみなされる指示対象について定冠詞単数が用いられる場合について考えます。

1）a. Pourrais-tu ouvrir *la fenêtre* ? J'ai un peu chaud.

　　　b. Pourrais-tu ouvrir *une fenêtre* ? J'ai un peu chaud.

　例 1）a も 1）b も「窓を開けてくれる？ ちょっと暑いんだ」と聞き手に頼む発話です。定冠詞単数つき名詞句 la fenêtre が用いられている 1）a は、その部屋に窓が一つしかないか、複数の窓があっても閉まっている窓は一つであるか、いつも開ける窓が一つあるのか、のいずれかの状況での発話であると考えられます。つまり、「開けるべき窓が一つに決まる」または「どの窓のことかがわかる」状況です。いっぽう、不定冠詞単数つき名詞句 une fenêtre が用いられている 1）b は、窓が複数ある部屋で、そのうちの一つの窓を開けてほしい、と聞き手に依頼する発話です。では、「同じカテゴリー X に属するものがその場に一つしかなければ定冠詞単数 le X が用いられ、同じカテゴリーに属するものがその場に複数あり、そのうちの一つの X について話すなら不定冠詞単数 un X が用いられる」ということでしょうか？　実は事情はもう少し複雑です。なぜなら、その場にカテゴリー X に属するものが一つしかない状況でも不定冠詞単数 un X が使われる場合があるからです。この課では、唯一のものを表す定冠詞単数 le X と不定冠詞単数 un X の違いについて考えます。

2）［借金を抱えたマダム D と娘のアニエスは、経済的な面倒を見ようというエレーヌの申し出を受け、彼女の用意したアパートに着く］

　　　Agnès ： C'est sinistre.

　　　Mme D ： *Un piano* !（*Les Dames du Bois de Boulogne,* film de Robert Bresson）

　　　アニエス「殺風景ね」

　　マダム D「ピアノがあるわ！」

　例 2）の場面で、自分たちが住むことになるアパートに初めて足を踏み入れたマダム D は、部屋にピアノがあるのを目にします。その部屋には梯子やバケツ、テーブル、箒、椅子などがありますが、ピアノは 1 台しかないのですから、定冠詞の使用条件である「唯一性」は満たされているように見えますが、この状況で定冠詞単数の le piano が用いられることはありません。なぜならこのピアノは、マダム D とアニエスにとって「当然あるはずのピアノ」ではないからです。言い換えると、このピアノには話し手と聞き手の共有する**存在前提**（présupposition existentielle）がないのです。「存在前提」がどういうものかについて、例 3）の un agent（警官）と例 4）の le grand（背の高い男）を比べてもう少し考えてみましょう。

3）〔アントワーヌとルネは盗んだタイプライターを仲介者に頼んで質屋で売ろうとするが、仲介者はタイプライターを横取りしようとする〕

　　Antoine : Écoutez, rendez-nous notre machine ou bien je vous fais une grosse tête !〔...〕

　　Entremetteur : Elle (n')est pas plus à vous qu'à moi, compris ?!

　　René : Tiens, voilà *un agent*... On pourrait peut-être lui demander.

（*Les Quatre Cents Coups*, film de François Truffaut）

　　アントワーヌ「おい、タイプライターを返してくれよ、でないとぶん殴るぞ」〔…〕

　　仲介者「俺のものでもなければ、おまえらのものでもないだろ」

　　ルネ「あ、警官が来るよ …。あの人に聞いてみようぜ」

4）〔少年鑑別所の運動場で〕

　　Le copain : Pourquoi t'es tombé, toi ?〔...〕

　　Antoine : Ben, moi, j'ai piqué une machine à écrire.

　　Le copain : Une machine à écrire ? Mais c'est pas intelligent mon vieux ! Et t'étais sûr de te faire poisser, elles sont toutes numérotées les machines à écrire ! Tiens, tu vois, *le grand* là-bas... Ben lui, il piquait des pneus de voitures.

（*Ibid.*）

友だち「なんで捕まったのさ？」〔…〕

アントワーヌ「タイプライターを盗んだんだ」

友だち「タイプライターだって？　馬鹿だなあ、捕まるに決まってるじゃないか、タイプ
ライターにはぜんぶ番号が振られているのに。ほら、あそこの背の高いやつ…。あいつ
は車のタイヤを盗んでたんだぜ」

　例 3) は、三人の発話参加者にとってまったく未知の存在であった警官
について取り上げるという文脈であり、この「警官」には存在前提があり
ません。新しい指示対象 agent を談話に導入する操作が行われているため、
不定冠詞単数名詞句 un agent が用いられているのです。いっぽう例 4) は
少年鑑別所の運動場での会話で、アントワーヌの話し相手のいう le grand
（背の高いやつ）は同じ少年鑑別所にいる仲間の一人であり、かつ発話の
場で視認できる対象であるため、この「背の高い男」には発話参加者のあ
いだで共有された存在前提があり、定冠詞単数が用いられます。つまり、
発話状況に X が一つあるとき、話し手と聞き手のあいだで唯一の指示対
象 X の存在前提が共有されているものには定冠詞単数 le X、指示対象 X
の存在前提のないものには不定冠詞単数 un X が用いられます。言い換え
ると、発話状況にあることが自然なものには le X が、発話状況にあるこ
とが想定されていない（いなかった）ものには un X が選択されるという
ことです。何かを発見する文脈で不定冠詞が使われるのは、発見される指
示対象には存在前提がないからです。では、発話参加者のあいだで指示対
象の存在前提が共有されて定冠詞が用いられる例を見てみましょう。

5)　[ミシェルとパトリシアはタクシーに乗っている。ミシェルが運転手に]

Michel : Mais non, passez par le Châtelet.〔...〕 **Allez, mon vieux,
dépassez *la 403*…**　　　　　　　　（*À bout de souffle*, film de Jean-Luc Godard）

ミシェル「そうじゃない、シャトレのほうから行ってくれ。〔…〕おい、403 なんか追い
越せよ」

6)　[駅まで荷物を運ぶのを手伝ってとカトリーヌに頼まれたジムが彼女のアパートで]

Jim : On emporte *la bicyclette* ?... *La valise* aussi ?

(*Jules et Jim*, film de François Truffaut)

ジム「自転車は持って行くのかい？ … スーツケースも？」

例 5) は、ミシェルとパトリシアがタクシーに乗ってある場所に急ぐ場面です。プジョー 403 は運転手とミシェルの目の前を走っており、その存在前提は発話参加者に共有されています。例 6) でも、自転車とスーツケースの存在前提はその持ち主であるカトリーヌと荷物を運ぶジムとのあいだで共有されており、定冠詞単数が用いられています。

発話状況またはその周辺にあってその存在前提が発話参加者に共有されていると発話者が判断するものについては、実際にそのものの姿が見えていなくても定冠詞が使われます。次の例 7) と 8) を比較してみましょう。

7) **– Vous entendez *le rossignol* ?** (Irène Némirovsky, *Suite française*)

「ナイチンゲールのさえずりが聞こえるでしょう？」

8) **Des aboiements continus se traînaient au loin, quelque part. – Entendez-vous *un chien* qui hurle ? dit le pharmacien.**

(Flaubert, *Madame Bovary*)

どこか遠くで、動物の吠え続ける声がながく尾をひいていた。「犬の吠えているのが聞こえますか」と薬剤師が言った。

例 7) で話し手が定冠詞単数 le rossignol を使っているのは、ナイチンゲールの声が聞き手にも聞こえていることを確信しているからで、指示対象の存在前提が発話参加者に共有されているからです。いっぽう例 8) で薬剤師が不定冠詞単数 un chien を使っているのは、聞き手にも犬の遠吠えが聞こえているかどうか確信がないか、あるいは話し手自身それが犬の遠吠えなのかどうか確信がないためで、指示対象の存在前提がないからです。このように、発話状況にカテゴリー X に属するものが一つ存在するとき、その存在前提が発話参加者によって共有されている指示対象については定冠詞単数 le X が、その存在前提が発話参加者によって共有されていない指示対象については不定冠詞単数 un X が用いられます。

発話状況における唯一性（2） 出来事と存在

　7課では、発話状況に X がただ一つ存在するとき、その指示対象の存在前提が発話参加者に共有されている場合に定冠詞単数 le X が用いられ、その存在前提が発話参加者に共有されていない場合に不定冠詞単数 un X が用いられることを学びました。8課では、現象文と呼ばれるタイプの文をもとに、この問題を深く掘り下げることにしましょう。

　現象文（または現象描写文・眼前描写文）とは、日本語学で古くから論じられている文タイプで、「話し手の視覚や聴覚を通してとらえられたある時空の元に存在する現象を、現象の存在への確認は有しているものの、主観の加工を加えないで言語表現化して、述べたもの」（仁田義雄 1989）と定義することができます。日本語では「からすが飛んでる」（三尾砂 1948）や「雨が降ってる」（*Ibid.*）のように「体言＋が＋動詞」の形になり、動詞は終止形より「…ている」「…てる」や過去形の「…た」「…だ」の場合が多いと言われています（*cf.* 三尾）。この課では、フランス語の現象文における主語位置の定冠詞単数名詞句 le X と不定冠詞単数名詞句 un X の対立に着目します。以下、例文中の × の印は、その単語を用いると非文法的な文になることを表しています。例 1) と 2) を比べてみましょう。

1) ［公園で］**Regarde !** { *Le moineau* / ×*Un moineau* } **fait sa toilette ! Et avec quel soin...**

　　「見て！ スズメが羽づくろいしてるよ！ 念入りだなぁ…」

2) ［レストランで］**Le client : Regardez !** { ×*La mouche* / *Une mouche* } **nage dans ma soupe !**

　　Le serveur : Ne vous inquiétez pas, Monsieur. Vous ne payez pas de supplément.

　　客「見て下さい！ ハエがスープで泳いでますよ！」

ウェイター「ご心配なく。追加料金はいただきません」　　　　　　（小田 2012）

　例 1）では定冠詞つき名詞句 le moineau（スズメ）が自然ですが、例 2）では不定冠詞つき名詞句 une mouche（ハエ）が自然です。1）の Le moineau fait sa toilette ! も 2）の Une mouche nage dans ma soupe ! も、文のタイプとしては同じ現象文なのに、なぜこのような違いがあるのでしょうか。それは、1）と 2）が違うタイプの現象文だからです。1）は「スズメが羽づくろいしてる」という出来事を伝える文であるのに対し、2）は「ハエがスープで泳いでいる」という出来事を伝える文ではなく、「スープにハエがいる」というハエの存在に焦点を当てる文だからです。前者を出来事的現象文、後者を存在的現象文と呼ぶことにしましょう（*cf.* 小田 2012）。さらに、「公園にスズメがいる」のはよくあることであり、目の前のスズメには存在前提が与えられますが、「レストランのスープにハエがいる」のは異常な事態であり、ハエには存在前提がありません。

3）［台所で］**Maman, { *la casserole* / ˣ *une casserole* } déborde !**
　　ママ、お鍋がふきこぼれてる !　　　　　　　　　　　　　　　　（*Ibid.*）

4）［台所で］**Maman ! { *La poêle* / ˣ *Une poêle* } a pris feu !**
　　ママ！フライパンに火が !　　　　　　　　　　　　　　　　　　（*Ibid.*）

5）［トラックの運転手に］**Attention ! { ˣ *L'enfant* / *Un enfant* } joue derrière votre camion !**
　　気をつけて！子供がトラックの後ろで遊んでるよ !

6）**Chéri ! { ˣ *La souris* / *Une souris* } court dans la cuisine !**
　　ダーリン！ネズミが台所を走ってるわ !　　　　　　　　　　　　（*Ibid.*）

　例 3）と 4）はそれぞれ「鍋がふきこぼれている」「フライパンに火がついた」という出来事に焦点を当てた出来事的現象文で、定冠詞つき名詞句 la casserole（鍋）と la poêle（フライパン）が選択されます。鍋とフライパンの存在前提は、「台所には鍋やフライパンがあるもの」という共有知識によって保証されています。いっぽう例 5）と 6）はそれぞれ「子供がトラックの後ろにいる」「ネズミが台所にいる」という子供（enfant）とネ

ズミ（souris）の存在を伝えることに主眼を置いた存在的現象文です。「トラックの後ろで遊ぶ子供」も「台所を駆けまわるネズミ」も、その場所において本来あるべき指示対象ではないため、5) の子供も 6) のネズミも存在前提を持たず、定冠詞ではなく不定冠詞が選択されます。存在的現象文は多くの場合、指示対象の「発見」の文脈で生じます。なお、3) や 4) において、台所に鍋が二つ以上、またフライパンが二つ以上あっても定冠詞単数の la casserole / la poêle の使用は自然です。ここでは鍋やフライパンという指示対象の存在よりも、「鍋がふきこぼれている」「フライパンに火がついた」という事態、つまり「指示対象と述語（または動詞）の結びつきが表す事態」が重要なのです。いっぽう、存在的現象文である 2) や 5)、6) では、述語（または動詞）が表す内容は必ずしも重要ではありません。2)・5)・6) においてもっとも重要なのは une mouche（ハエ）、un enfant（子供）、une souris（ネズミ）という「指示対象の存在」であり、次に大事なのが「その指示対象の存在する場所」です。そのため、例えば例 2) と 6) のような文は、それぞれ « Regardez ! Une mouche ! »、« Chéri ! Une souris ! » といった**一語文**（日本語学では**喚体句**とも言います）で現れたり、それに場所を表す語句を付け加えた « Regardez ! Une mouche dans ma soupe ! »、« Chéri ! Une souris dans la cuisine ! » といった文で現れたりもします。

　次に、目に見えない指示対象について述べる現象文を見てみましょう。

7) **Un villageois : {** *La cloche* **/** ×*Une cloche* **} sonne... Quelle heure est-il ?**
　　村人「鐘が鳴ってる…　今、何時だろう？」　　　　　　　　　　　　　　(*Ibid.*)

8) **Un voyageur, à Kyoto : Ah, {**×*la cloche* **/** *une cloche* **} sonne... Il doit y avoir un temple près d'ici.**
　　[京都で、旅行者が]「あ、鐘が鳴ってる… 近くに寺があるに違いない」

9) **{** *Le coq* **/** ×*Un coq* **} chante ! Il faut se lever !**
　　雄鶏が鳴いてる！ 起きないと！　　　　　　　　　　　　　　　　　(*Ibid.*)

　例 7) では、村人が鐘の音を聞いて「今、何時だろう」と考えるなら定

冠詞つきの la cloche が用いられます。このとき、その村や町に教会や大聖堂が二つ以上あり鐘が複数あっても、定冠詞単数の la cloche の使用はごく自然です。ここでは、「鐘が鳴る」ことが「時刻を知らせる」ことと密接に結びついており、発話全体が「鐘が鳴って時刻が知らされる」という事態の描写となっています。しかし8) で、旅行者が初めて訪れる京都で鐘の音を聞いて近くに寺があることを推測するなら、不定冠詞つきの une cloche が用いられます。この発話は「鐘が鳴っている」という事態に焦点を当てたものではなく、鐘の存在に気がつく存在的現象文であり、鐘には存在前提はないからです。いっぽう、9) は雄鶏の存在に気がつく文ではなく、「雄鶏が鳴いている」という事態つまり「朝が来た」ことを伝える出来事的現象文です。7) の「鐘は鳴って時刻を告げるもの」、9) の「雄鶏は鳴いて朝の到来を告げるもの」という知識や、3)・4) の la casserole / la poêle の存在前提を支える「台所には鍋やフライパンがあるもの」という知識は、発話者が持つ百科事典的な共有知識に含まれるものです。ここでの共有知識は、15 課以降でお話しする「認知フレーム」とも関係するものですが、この課ではこれ以上説明しないことにします。

　最後に小説からの実例を一つ。例 10) の la cloche は、話し手と聞き手のいる学校の鐘のことです。« La cloche sonne ! » という発話はしばしば、「授業の始まり」や「列車の出発」などを伝える文とともに用いられます。

10） « Allons, mon garçon ! me dit-il, *la cloche sonne*, dépêche-toi ; personne ne se sera aperçu de rien, va prendre tes élèves à l'ordinaire ; 〔...〕 »　　　　　　　　　（Alphonse Daudet, *Le Petit Chose*）

神父が僕に言った、「ほら、鐘が鳴ってるぞ、急ぎなさい。誰も何も気がつかないだろうから、生徒たちとはいつもどおり接しなさい 〔…〕」

　この課では、現象文の主語位置における名詞につく定冠詞と不定冠詞の対立について検討しましたが、存在前提の有無による定冠詞と不定冠詞の差異についての説明が現象文という文タイプに限らず普遍的に成り立つ規則であることは、7 課で示した例の分析からも明らかでしょう。

　7課・8課に引き続きこの課では、発話状況において唯一であるとみなされる指示対象について検討します。発話状況にXがただ一つ存在するとき、その指示対象の存在前提が発話参加者に共有されている場合に定冠詞単数 le X が用いられ、その存在前提が発話参加者に共有されていない場合に不定冠詞単数 un X が用いられることを7課および8課で学びました。しかし、定冠詞つき名詞句 le X は、たとえ発話状況にある指示対象 X を指しているように見えても現実世界の事物を直接に指示しているわけではなく、話し手の記憶の中に存在前提を持つ指示対象 X を表しています。

1)［通りがかりの人がお店に入ってきて］

　　Le passant : *Le marchand de couleurs*, s'il vous plaît.

　　Mme Émery : C'est la porte à côté.

　　　　　　　　　　　　　(*Les Parapluies de Cherbourg*, film de Jacques Demy)

　　通行人「雑貨屋はどこですか？」　エムリー夫人「お隣ですよ」

2)［貸し自動車屋の店主に］**« On peut téléphoner à Tamaris ? » – « Comment donc, mon capitaine ? Moi, depuis cette année, je n'ai plus le téléphone. J'ai dû arrêter les frais. Mais vous avez *le bureau de poste*, à deux pas. Tenez : la troisième rue à droite, 〔...〕 »** (Paul Bourget, *Lazarine*)

　　「タマリスに電話できますか？」「なんだって、大尉さん？　うちは今年からもう電話がないんですよ。経費節減でね。でも、すぐそこに郵便局がありますよ。三つ目の通りを右に曲がって〔…〕」

　例1)で通行人が尋ねる le marchand de couleurs（雑貨屋）は、エムリー夫人の傘屋の近くにあるはずの雑貨屋を表しており、この定冠詞つき名詞句はただ存在前提を伝えるだけで、発話状況にある雑貨屋を直接に指示しているわけではありません。例2)でも、聞き手はすぐ近くに郵便局が

あることを知らないのですから、店の主人の言う le bureau de poste（郵便局）は、近くの郵便局を直接に指しているわけではないのです。この le bureau de poste は「郵便局が一つ存在し、探せば見つかる」という郵便局についての存在前提を伝えています。

« Fermez la fenêtre. »（窓を閉めて下さい）のような命令文や依頼文・勧誘文などの目的語名詞句にはしばしば定冠詞が用いられます。

3）– Qu'est-ce que je fais ? me demanda le chauffeur.

　– Vous voyez *le grand type en bleu marine* ?〔...〕Il va falloir le suivre, s'il est en voiture.　　　　(Modiano, *Rue des boutiques obscures*)

「どうしたらいいんです？」と運転手は私に尋ねた。「マリンブルーの服を着た背の高い男が見えるでしょう？〔…〕彼が車に乗るなら、後をつけて下さい」

4）Michel 　: On va changer de voiture.

　　Patricia : On vole *la Cadillac* ?

(*À bout de souffle*, film de Jean-Luc Godard)

ミシェル「車を換えないと」　パトリシア「キャデラックを盗む？」

例 3）の le grand type en bleu marine（青い服の背の高い男）も例 4）の la Cadillac も、聞き手があらかじめ存在を知っていた対象ではありません。しかし、命令や指示・依頼・勧誘の文脈では、話し手にとって存在が確かな指示対象の存在前提は聞き手に押しつけることができます。なぜなら、命令や依頼の対象となる事物は話し手にとって確定した存在であり、聞き手が探せばわかるものであるのがふつうだからです。「見て、ハチドリ！」と伝えたいとき、« Regarde le colibri ! » とは言えますが、« ×Regarde un colibri ! » と不定冠詞を使うのは奇妙です。これは、聞き手に見てもらう指示対象つまり命令文の目的語となるハチドリは、聞き手が探せばどれかわかる確かな存在だからです。ただし、« Regarde, un colibri ! » のように un colibri の前に一拍おくなら（つまり目的語でなければ）可能ですが、この場合はまず Regarde で聞き手の注意を引き、次に不定名詞句 un colibri によって新しい指示対象としてハチドリを談話に

43

導入しているのです。しかし命令文・依頼文の動詞の目的語が不定冠詞つき名詞句である場合、それは「どれでもよい一つ」を表します。次の 5) の un billet がその例です。

5) **Vendeuse de billets de loterie : Jour de chance ! Tentez votre chance...**
Prenez *un billet* !　　　　　（*À bout de souffle*, film de Jean-Luc Godard）

　　宝くじの売り子「(金曜日は) 幸運の日！ 運試しをどうぞ…。宝くじを一枚どうぞ！」

　見えないところにあるものについても定冠詞が使えることからもわかるように、定冠詞つき名詞句は指示対象の存在前提を伝達するだけで現実世界にある事物を直接に指す（これを言語学では**直示**と呼びます）わけではありません。では、フランス語で、現実世界にある事物を直示する名詞表現とは何でしょうか。それは指示形容詞つきの名詞句 ce X です。

6) **Dis donc, *ce vin*, c'est celui que je t'avais rapporté d'Espagne, non ?**
　　ねえ、このワイン、僕がスペインから持って帰ってきたワインだよね？

7) [レストランで] ***Le vin*** **est excellent. Et *la cuisine*, pas mal non plus. Par**
contre, *le dessert* ! Un soufflé complètement ratatiné... !
　　ワインは素晴らしい。そして料理も申し分ない。でも、デザートがね！スフレが完全に
　　しぼんでるよ…！

　例 6) の ce vin がまさに手元にあるワインを直接指している表現であるのに対し、例 7) の le vin は、la cuisine（料理）や le dessert（デザート）といった別の要素の存在を前提とし、こうした「関係諸要素の網の目」のなかにあるワインをいわば間接的に表しています。映画撮影のメタファーを用いて説明すると、指示形容詞つき名詞句 ce X はクローズアップされた指示対象 X だけを映しだすのに対し、定冠詞つき名詞句 le X は、ロングショットで他の指示対象の Y や Z を含めて（つまり他の登場人物や背景の小道具・大道具も含めて）X を映しだす表現です。

8) [夫とは別の男性とキスしているところを息子に見られて]

Gilberte : Oh, mon dieu, Antoine ! Il m'a sûrement vue.
L'amant : Ton fils ? C'est lequel des deux ?

Gilberte : *Le châtain...*（*Les Quatre Cents Coups*, film de François Truffaut）

ジルベルト「ああ、アントワーヌだわ。見られてしまったわ」

愛人「君の息子か？　二人のうちのどっちだい？」

ジルベルト「栗色の髪の子のほうよ…」

9）〔アントワーヌの鞄に見慣れない万年筆が入っているのを見て〕

Le beau-père : Qu'est-ce que c'est que *ce stylo* ?

Antoine　　　: Ben... je l'ai échangé.　　　　　　　　　　（*Ibid.*）

継父「この万年筆は？」　アントワーヌ「えーと…交換したんだ」

　例 8）は定冠詞つき名詞句 le X が他の指示対象の存在を前提としていることを示す良い例で、le châtain は「二人の男の子のうちの栗色の髪の子のほう」を表します。ここで指示形容詞を使って ce châtain と言うことはできません。いっぽう例 9）のように、発話以前に話し手と聞き手の話題に上っていなかった指示対象をいきなり取り上げるには、直示作用によって指示対象をクローズアップして聞き手の注意を引く指示形容詞のみが可能で、ここで定冠詞を用いて le stylo と言うことはできません。

10）Le médecin disait : « Cela peut s'arranger : *l'enfant* est fort. »

（Saint-Exupéry, *Courrier sud*）

医者は言っていた。「なんとかなるでしょう。お子さんは丈夫ですから」

11）« Femme, dit-il, *cet enfant* est-il de moi ? » 〔...〕

« Que dis-tu, Mateo ? et sais-tu bien à qui tu parles ?

– Eh bien, *cet enfant* est le premier de sa race qui ait fait une trahison.　　　　　　　　　　（Prosper Mérimée, *Mateo Falcone*）

「おい、この子は俺の子か？」〔…〕

「何を言うの、マテオ。誰に向かって話しているのか、わかってるの？」

「そうか、それなら、この子は一族で初めての裏切り者だ」

　10）の l'enfant は病気の子供を診察する医者や父親、母親といった他の指示対象の存在を前提としていますが、11）の cet enfant は他の指示対象の存在を前提とせず、「裏切りをした子供」のみに焦点を当てています。

　10課から14課では、言語文脈において唯一であるとみなされる指示対象を受け直す用法、すなわち照応的用法における冠詞の選択について考えます。文学テクストや会話に登場した（登場する）言語表現やテクスト内容を代名詞や名詞句などで受け直す現象を「照応」と呼びます。照応には、先行文脈にある要素を後で受け直す**前方照応**（anaphore）と、後ろに来る要素を先回りして表す**後方照応**（cataphore）があります。例1）と2）が前方照応の例、例3）と4）が後方照応の例です。

1）L'adjudant tira de sa poche *une montre d'argent* qui valait bien dix écus ; et, remarquant que les yeux du petit Fortunato étincelaient en *la* regardant, il lui dit en tenant *la montre* suspendue au bout de sa chaîne d'acier :〔...〕　　　　　　　　（Mérimée, *Mateo Falcone*）

　軍曹はポケットから10エキュの値打ちは充分にありそうな銀時計を取り出した。そしてこれを見るフォルチュナートの目が輝いたのを見て取ると、時計を鋼鉄の鎖の先にぶら下げて見せながらこう言った。〔…〕

2）*Le capitaine Ledoux* était un bon marin. *Il* avait commencé par être simple matelot, puis *il* devint aide-timonier.　　（Mérimée, *Tamango*）

　船長ルドゥーは立派な船乗りだった。平の水夫を振り出しに、ついで見習い舵手になった。

3）La fréquentation de l'autre permet d'aller à la rencontre de soi, et la connaissance de soi permet de revenir à l'autre. 〔...〕 C'est ainsi que nous sommes tentés d'entendre *cette superbe phrase* du dernier chapitre des *Essais* : « La parole est moitié à celui qui parle, moitié à celui qui l'écoute. »　　（Antoine Compagnon, *Un été avec Montaigne*）

　他者とつきあうことが自分との出会いをうながし、自己を知ることが他者と向きあうことにつながる。〔…〕これと同じように、我々は『エセー』最終章にある次の素晴らしい

一文を解釈したくなる。「ことばとは半分は話し手のものであり、半分は聞き手のものである」

4）［女子ラグビーワールドカップの準決勝でフランスがイギリスに敗れて］**Bien sûr, il y a *la déception. Celle* de perdre une septième demi-finale en huit éditions du Mondial, *celle* d'un score qui a gonflé avec un second essai anglais au tout dernier instant.** 　　　　　（*Le Monde*, 23/08/2017)

もちろん失望はある。第 8 回ワールドカップにおいて、7 度目の準決勝で敗れるという失望、そして試合終了間際にイギリスに 2 度目のトライを決められて大差をつけられたという失望が。

　例 1）では、第 1 文で導入された une montre d'argent（銀時計）が、第 2 文の代名詞 la（これ）と定冠詞つき名詞句 la montre で受け直されています。例 2）では、物語冒頭の Le capitaine Ledoux が次に続く文の代名詞 il で受け直されています。例 1）の une montre d'argent や例 2）の Le capitaine Ledoux のような先立つ語句のことを先行詞（antécédant）と呼び、それを受け直す語句のことを照応詞（anaphorique）と呼びます。いっぽう、例 3）の cette superbe phrase（この素晴らしい一文）が指し示している語句は直後の『エセー』からの引用文の « La parole est moitié à celui 〔...〕 » です。また、例 4）の定冠詞つき名詞句 la déception（失望）は先行文脈にある要素を受け直しているのではなく、その直後の Celle de perdre une septième demi-finale 〔...〕 によって定義されています。このように、前方照応（anaphore）とは先立つ要素を後で別の語句で受け直すものであり、後方照応（cataphore）とは後ろに現れる要素によって先に登場した語句（照応詞）が解釈されるものです。ただし、前方照応と後方照応をひとまとめにして anaphore（照応）という語を使うこともよくあります。この謎解きの旅では、照応の現象としてより一般的な前方照応の問題に限定して考察します。

　フランス語の照応的用法における名詞句の冠詞の選択について考えるとき、前方照応と後方照応の区別よりも意識すべきなのは、「忠実照応」

と「非忠実照応」の区別です。**忠実照応**（anaphore fidèle）とは、例えば先行詞の un chat や le chat を照応詞の le chat や ce chat で受け直すような、先行詞と照応詞の名詞が同じ照応のことです。いっぽう**非忠実照応**（anaphore infidèle）とは、例えば先行詞の un chat や le chat を照応詞の l'animal や la bête で受け直すような、先行詞と照応詞の名詞が異なる照応のことです。実例を見てみましょう。

5）**_Un Lièvre_ en son gîte songeait**

（Car que faire en un gîte, à moins que l'on ne songe ?）

Dans un profond ennui _ce Lièvre_ se plongeait :

Cet animal est triste, et la crainte le ronge.

（La Fontaine, « Le Lièvre et les Grenouilles », Fable XIV, Livre II, _Fables_ in Blanche-Benveniste & Chervel 1966）

　一羽の野ウサギがねぐらで空想にふけっていた

　（なぜなら、空想にふける以外にねぐらですることがあるだろうか）

　深い憂鬱にこの野ウサギは沈みこんでいた

　この動物は悲観的で、不安にさいなまれている

6）**_Une Lice_ étant sur son terme,**

Et ne sachant où mettre son fardeau si pressant,

Fait si bien qu'à la fin sa Compagne consent

De lui prêter sa hutte, où _la Lice_ s'enferme.

（La Fontaine, « La Lice et sa Compagne », Fable VII, Livre II, _Fables_）

　ある雌犬が　産期が来たのに

　さしせまった荷物（＝子犬）をどこにおろしたらよいかわからず

　友だちにお願いすると　なんとか承知してくれて

　小屋を貸してもらい　雌犬はそこに閉じこもる

7）**– Allô !... Qui est à l'appareil ?...**

– Leroy... Je suis dans la vieille ville, près du passage d'eau... On a tiré un coup de feu... Un cordonnier, qui a aperçu de sa fenêtre _le_

chien jaune...

– **Mort ?...**

– **Blessé ! les reins cassés... C'est à peine si *l'animal* peut se traîner... Les gens n'osent pas en approcher... Je vous téléphone d'un café...** *La bête* **est au milieu de la rue... Je la vois à travers la vitre...**

（Simenon, Le Chien jaune）

［メグレ］「もしもし！どなたです？」

「ルロワです。旧市街にいます … 堀割のそばです。ピストルを撃ったやつがいましてね …。靴屋が、窓から黄色い犬を見つけて …」

「死んだのか？」

「怪我をしてます！　腰をやられて … ほとんど這うこともできません。みんな怖がって近づけないでいるようです。この電話はそばのカフェからかけてるんですが …。犬は通りの真ん中にいて … 窓の向こうに見えています …」

　例 5) はラ・フォンテーヌの「野ウサギと蛙」の冒頭部分です。1 行目の un Lièvre（野ウサギ）を 3 行目で ce Lièvre で受けているのが忠実照応で、さらにそれを 4 行目で異なる名詞 animal を用いて cet animal（この動物）で受けているのが非忠実照応です。同じくラ・フォンテーヌの「雌犬とその友だち」からの例 6) では、1 行目の une Lice（雌犬）を 4 行目で la Lice で受け直しているのが忠実照応です。例 7) では、電話でメグレ警視に黄色い犬について報告するルロワ刑事はまず le chien jaune と言い、次に l'animal、さらに la bête と異なる名詞を用いてこの犬の話を続けています。例 5) の忠実照応（Un Lièvre → ce Lièvre）では指示形容詞が、例 6) の忠実照応（Une Lice → la Lice）では定冠詞が用いられています。また、例 5) の非忠実照応（le Lièvre → cet animal）では指示形容詞が、例 7) の非忠実照応（le chien jaune → l'animal → la bête）では定冠詞が用いられています。照応的用法における冠詞の問題の焦点は、忠実照応・非忠実照応それぞれの場合において、なぜある場合には定冠詞が選択され、また別の場合には指示形容詞が選択されるのかについて考えることです。

カメラワーク・メタファー(1)

11 課では、照応的用法、とりわけ忠実照応における定冠詞つき名詞句 le X と指示形容詞つき名詞句 ce X のメカニズムについて説明します。

5 課で、「定冠詞単数の指示対象は何らかの枠組みにおいて唯一である」と述べ、6 課から 9 課まで「指示対象はどのように唯一と捉えられるのか」について説明してきました。しかし、名詞句の照応的用法では、先行文脈において先行詞が唯一でなければ忠実照応による受け直しができないことはある意味自明であるため、先行詞の唯一性について論じられることはほとんどありません。例 1) a と b は、レストランで政府の秘密警察官が工作員にミッションを伝える台詞です。

1) a. **Derrière toi, il y a une table de trois personnes. Une femme en robe orange et *deux hommes en costume*. Il faut abattre** $^\times$ ***l'homme.***

　　 君の後ろに、三人の客のいるテーブルがある。オレンジ色のワンピースの女一人とスーツの男二人だ。×男を撃ち殺せ。

　 b. **Derrière toi, il y a une table de deux personnes. Une femme en robe orange et *un homme en costume*. Il faut abattre *l'homme.***

　　 君の後ろに、二人の客のいるテーブルがある。オレンジ色のワンピースの女とスーツの男だ。男を撃ち殺せ。

例 1) a では、先行文脈に「スーツを来た男」が二人登場しているため、後続する文の定冠詞単数つき名詞 l'homme（男）がどちらの男を受け直しているのかわかりません。工作員も困りますね。このような名詞句と冠詞の使い方は非文法的で、1) a の « Il faut abattre $^\times$ l'homme. » はこの文脈では意味をなさない文です。いっぽう、例 1) b では「（スーツの）男」は一人だけなので、l'homme（男）が受け直している先行詞がどれかは明らかです。このように、忠実照応が成り立つのは 1) b のような先行詞が唯一

である文脈に限られるので、指示対象の唯一性が成り立つかどうかについて頭を悩ませる必要はありません。照応的用法において考えるべきなのは、先行詞を受け直すのに定冠詞つき名詞 le X を使うか、指示形容詞つき名詞 ce X を使うかという問題です。実を言うと、次の例 2) で Le Merle noir が Il で受け直されているように、先行詞の名詞句を受け直すのに名詞を使わずに人称代名詞 il(s) / elle(s) を用いることも多いため、問題はもっと複雑なのですが、ここでは名詞句による照応に問題を限定することにします。

2) *Le Merle noir* est commun en France et en Belgique. *Il* est sédentaire dans certaines régions, migrateur dans d'autres ; arrive en mars pour se reproduire, et repart en octobre.

（L. D'Hamonville, *Atlas de poche des Oiseaux de France, Série I*）

クロウタドリはフランスとベルギーでは一般的な鳥である。地方によって留鳥であったり漂鳥であったりする。（漂鳥であれば）繁殖のため三月に飛来し、十月に去る。

前置きが長くなりましたが、本題に入りましょう。まず、照応的用法における定冠詞つき名詞句 le X と指示形容詞つき名詞句 ce X、それぞれの基本的な解釈について説明します。照応的用法の照応詞 le X は先行詞（例えば un X）を直に受け直すのではなく、先行詞を含む談話世界を引き継ぎ、その談話世界において解釈されます。いっぽう、照応詞 ce X は先行する談話世界全体を引き継ぐのではなく、先行詞（名詞句とは限りません）のみを受け継ぎ、場合によっては新たな談話世界を開きます。この 2 種類の名詞句による照応のメカニズムをビデオカメラでの映画撮影に喩えると、3) と 4) のようになります。これをカメラワーク・メタファーと呼びます。

3) le X による照応：ロングショットの長回しで撮影したひと続きの場面のなかに先行詞 un X としての登場人物がいる。照応詞 le X は、そのままの画面構成を引き継ぎ、同じ場面において解釈される。場面は切れ目なしに連続して撮影されているため、カメラの切り替えによる場面の転換はない。また、カメラの位置はほぼ固定されていて動かず、カメラマン（＝話し手）の存在は感じられない。

4) ce X による照応：先行する場面（つまり先行文脈）においてビデオカメラが映しだす映像は、背景や小道具まで含んだ「引きの映像」である必要はなく、ただ先行詞 un X としての登場人物が映しだされていればよい。照応詞 ce X は、その場面にいる登場人物（先行詞）をクローズアップして捉える。カメラの切り替えによる場面の転換や過去の場面へのタイムスリップが可能である。また、カメラマン（＝話し手）の独断で指示対象をズームで捉え、それについて物語ることができる。

「ロングショット」とは、写真や映像などで被写体からカメラまでの距離を大きく取って、被写体全体および被写体の周辺環境まで撮影するショットのことで、「長回し」とは、場面をカットせずにずっとカメラを回して撮影を続ける映画の撮影技法のことです。このカメラワーク・メタファーを用いて、次の例 5) における le X と ce X の違いについて説明します。例 5) は、とあるカフェで麻薬取引があったとの情報を受け、刑事がカフェのウェイターを尋問するという状況での談話です。ウェイターは、カフェに入ってきた女性が店の奥のテーブルに座ったことを述べてから、a から e のいずれかの文によって供述を続けます。

5) L'inspecteur : Racontez-moi tout ce qui s'est passé.

Le serveur ： Je lisais le journal derrière le comptoir. *Une jeune femme* est entrée dans le café et s'est assise au fond de la salle.

a. { *La femme* / *Cette femme* } portait une robe blanche.

b. { *La femme* / *Cette femme* } a commandé une limonade.

c. J'avais déjà vu { ×*la femme* / *cette femme* } près de chez moi il y a quelques jours.

d. En fait, { ×*la femme* / *cette femme* } prend toujours une limonade.

e. Je n'aime pas beaucoup { ×*la femme* / *cette femme* }, car elle est trop bavarde.

刑事：何があったのか、すべて話して下さい。

ウェイター：僕はカウンターの後ろで新聞を読んでいました。すると、若い女性がひと

52

り店に入ってきて、店の奥に座ったんです。

a. 女性は白いワンピースを着ていました。

b. 女性はレモネードを注文しました。

c. 僕は数日前に自宅近くで、（その）女性を見たことがありました。

d. 実は、（その）女性はいつもレモネードを注文するんです。

e. 僕はあまり（その）女性が好きではないんです、だってとてもおしゃべりなので。

（小田 2012 の例を改変）

　「店に女性が入ってきて奥の方の席に座った」という先行文脈から「女性は白いワンピースを着ていた」へと続く 5）a において定冠詞つき名詞句 la femme が選択されるのは、最初のシーンで登場人物の女性（＝先行詞の une femme）だけでなくカフェ全体を映しだし、そこから画面の構成を変えずにロングショットの長回しで登場人物（＝指示対象）とその背景・周辺環境を撮影し続けた場合です。いっぽう、同じシークエンスの 5）a で指示形容詞つき名詞句 cette femme が選ばれるのは、カフェの奥に座った女性をクローズアップで捉えた場合で、このときカメラは引きの映像から指示対象の女性をクローズアップする映像になります。同じく、「店に女性が入ってきて奥の方の席に座った」場面（＝先行文脈）から「女性はレモネードを注文した」と続く 5）b において la femme が用いられるのは、最初の「店に女性が入ってくる」シーンから「女性がレモネードを注文する」シーンまでずっと登場人物と背景を含めたロングショットの長回しで撮影し続ける場合です。それに対し cette femme が選ばれるのは、「女性がレモネードを注文する」場面で登場人物の女性をズームで捉える場合です。このように、5）a および 5）b では、カメラマン（＝話し手）の登場人物（＝指示対象）の捉え方、見せ方の違いが la femme を用いるか cette femme を用いるかの選択の決め手となっています。ところが、5）c や 5）d または 5）e のように話が続く場合、la femme は用いられず、cette femme だけが使用可能です。その理由については、次の 12 課で説明しましょう。

カメラワーク・メタファー(2)

11 課に引き続き、12 課でも照応的用法における定冠詞つき名詞句 le
X と指示形容詞つき名詞句 ce X の違いについて考えます。11 課の例 5)
について、あらためて考えてみましょう。和訳は 11 課を参照して下さい。

1) L'inspecteur : Racontez-moi tout ce qui s'est passé.

   Le serveur : Je lisais le journal derrière le comptoir. *Une jeune
   femme* est entrée dans le café et s'est assise au fond de la salle.

   a. { *La femme* / *Cette femme* } portait une robe blanche.

   b. { *La femme* / *Cette femme* } a commandé une limonade.

   c. J'avais déjà vu {×*la femme* / *cette femme* } près de chez moi il y
   a quelques jours.

   d. En fait, {× *la femme* / *cette femme* } prend toujours une limonade.

   e. Je n'aime pas beaucoup {× *la femme* / *cette femme* }, car elle est
   trop bavarde.

例 1) a と 1) b では、話し手が先行詞をどのように捉えて提示するかに
よって la femme と cette femme が使い分けられていると 11 課で説明し
ました。しかし、1) c や 1) d、1) e では la femme は用いることができ
ず、cette femme だけが可能です。これはなぜでしょうか。それは、1) c
については、先行文脈の「店に女性が入ってきて奥の方の席に座った」と
いう場面とそれに続く「c. 数日前に自宅近くでその女性を見た」という
場面とがまったく異なる時間と場所における出来事だからです。映画撮影
なら、過去へのフラッシュバックの場面ではカメラを切り替える必要があ
ります。このように、先行詞が現れる出来事の場面と照応詞の現れる出来
事の場面とのあいだに何らかの時間的・空間的断絶があるとき、指示形容
詞による照応のみが可能となります。同じく 1) d でも、「店に女性が入っ

てくる」場面の時間と「d. 女性はいつもレモネードを注文する」という
女性の習慣的な行動についての時間とのあいだにはずれがあり、場面の連
続性がありません。1）e についても同様で、「e. おしゃべりなので、僕は
その女性があまり好きではない」というウェイターの個人的感想には特定
の時間設定はなく、先行文脈の「女性がカフェに入ってくる」場面の時間
とは連続性がないのです。

　照応的用法において定冠詞つき名詞句 le X が選択されるのは、先行文
脈の場面と照応詞の現れる場面とが連続的で、「慣性の法則に従って球が
転がるように、物語が自然発生的に展開される」ときです。映画撮影な
ら、俳優 X（＝指示対象）をロングショットの長回しで背景や小道具も
含めて撮り続けることで、このときカメラの切り替えはありません。いっ
ぽう、指示対象の恒常的性質や別の場面における指示対象について語るこ
とは、映画撮影において俳優 X のみをズームで撮影したりカメラを切り
替えて別の場面にいる（いた）俳優を映しだしたりすることで、このとき
先行文脈の場面と照応詞の現れる場面とのあいだに時間的・空間的断絶が
あるため、指示形容詞つき名詞句 ce X による照応のみが可能となります。
カメラワーク・メタファーによるこの説明を小説からの実例で確認してみ
ましょう。

**2）Si vous avez tué un homme, allez dans *le maquis de Porto-Vecchio,*
et vous y vivrez en sûreté, avec un bon fusil, de la poudre et des
balles ; n'oubliez pas un manteau brun garni d'un capuchon, qui
sert de couverture et de matelas. Les bergers vous donnent du lait,
du fromage et des châtaignes, et vous n'aurez rien à craindre de
la justice ou des parents du mort, si ce n'est quand il vous faudra
descendre à la ville pour y renouveler vos munitions.**

**Mateo Falcone, quand j'étais en Corse en 18..., avait sa maison à
une demi-lieue de *ce maquis.*** 　　　　　　（Mérimée, *Mateo Falcone*）

もしも諸君が殺人の罪を犯したら、ポルト＝ヴェッキオのマキに逃げ込むがよろしい。

良い銃1丁と火薬と弾があるかぎり、そこで安全に暮らせる。いや、フードつきの茶色い外套も忘れてはいけない、これは毛布と敷き布団の代わりになる。牛乳やチーズや栗は羊飼いたちが持ってきてくれる。裁判所も殺した男の親兄弟も恐れる必要はない、ただ弾薬の補充のために町に降りるときだけ用心すればよいのだ。

私が18…年にコルシカに滞在していた頃、マテオ・ファルコーネはこのマキから半里ばかりのところに家をかまえていた。

3) L'homme était armé, Maigret sentait la forme dure d'un revolver dans *la poche* du veston et il s'efforçait d'empêcher une main de se glisser dans *cette poche*. 〔Simenon, *La Pipe de Maigret*〕

男は武器を持っていた。メグレは、男の上着のポケットに拳銃の形をはっきりと感じ、このポケットに手を入れさせまいと努めた。

　例2）では、先行文脈の「ポルト゠ヴェッキオのマキは良い隠れ場所になる」と一般論を述べる談話世界と、それに続く「マテオ・ファルコーネの家はこのマキの近くにあった」と述べる談話世界とのあいだには連続性がなく、カメラの切り替えが行われており、指示形容詞を用いる ce maquis だけが自然です。例3）では、先行文の「男の上着のポケットに拳銃があるのを感じた」という場面から「メグレはこのポケットに手を入れさせまいと努めた」という場面は連続しているため、定冠詞を使うことも不可能ではありませんが、指示形容詞を用いることで cette poche（このポケット）をクローズアップしてドラマチックに捉えるという効果があります。また、「他のポケットではなく、まさにこのポケット」という対比も感じられます。指示形容詞を用いた忠実照応では、しばしば、「先行詞を受ける ce X とその他の X との対比」という効果が生まれます。

　いっぽう、照応的用法において定冠詞が自然に用いられるのは、例4）から例6）のように、先行詞の登場する談話世界と照応詞の登場する談話世界が連続していて、場面が自然に展開されているときです。

4) À droite, sur le trottoir qui touchait la voûte, on interrogeait *un prisonnier*. Le bec de gaz éclairait la scène par saccades. *Le*

prisonnier（un petit）était maintenu par quatre élèves, son buste
appuyé contre le mur. 　　　　　　　　（Jean Cocteau, *Les Enfants terribles*）

右手の、建物のアーチに接した歩道では、捕虜が 1 人尋問されていた。ガス燈がときお

りその情景を照らしていた。捕虜（小さい子）は 4 人の生徒に捕まって、胸を壁に押し

つけられていた。

5）**Il souleva *un broc* pour verser de l'eau dans la cuvette, mais *le broc***
　　était vide. 　　　　　　　　　　　　（Simenon, *La Pipe de Maigret*）

彼は洗面器に水を入れようと水差しを取り上げたが、水差しは空だった。

6）**L'orage avait éclaté au moment où il descendait de taxi en face de**
　　la maison du quai de Bercy. Quand il avait sonné, Mme Leroy était
　　en train de manger, toute seule dans la cuisine, du pain, du beurre
　　et *un hareng saur*. Malgré ses inquiétudes, elle avait essayé de
　　cacher *le hareng* ! 　　　　　　　　　　　　　　　　　　（*Ibid.*）

彼（メグレ）がベルシー河岸の家の正面でタクシーから降りたとき、雷雨が襲った。ベル

を鳴らしたとき、ルロワ夫人は台所で一人、パンとバターと燻製ニシンで食事中だっ

た。心配事があるにもかかわらず、彼女はニシンを隠そうとした！

　例 4）では、「捕虜の尋問」の場面、「ガス燈に照らされている」状況、
「捕虜が生徒に押さえつけられている」場面の三つすべてが同じ場面につ
いての描写なので、定冠詞が自然です。例 5）や 6）でも、先行詞を含む
文の場面と照応詞を含む文の場面とには明らかな時間的・空間的連続性が
あり、定冠詞のみが可能となります。仮に例 4）・5）・6）で指示形容詞つ
き名詞句 ce X を用いて照応すると他の X との対比が感じられてしまいま
すが、この文脈ではいずれもそのような含意はないため、不自然です。

　ここで重要なのは、ce X は先行詞をじかに受け直す直示の用法ですが、
le X は直示ではなく、X を取り巻くその他の要素との「関係の網の目」
が構築する談話世界を通しての間接的な指示であるということです。指示
形容詞つき名詞句 ce X の「直接指示性」と定冠詞つき名詞句 le X の「間
接指示性」については、9 課でも少し触れました。

13課 予測可能な le X、新しい情報を持ち込む ce X

　13 課および 14 課では、照応的用法、特に非忠実照応における定冠詞つき名詞句 le X と指示形容詞つき名詞句 ce X の違いについて考えます。

　会話や文学テクストなどで一つの指示対象について何度も言及する場合、同じ名詞を繰り返すことは言語の持つ経済性の原理に反するため、代名詞を使用することがよくありますが、代名詞を使うと意味が曖昧になる場合などには名詞句を用いて照応します。しかし、とりわけフランス語では、名詞句を用いて照応する場合に先行詞と同じ名詞を繰り返すことを嫌う傾向があります。そのため、例えば la France（フランス）を 2 度目には l'Hexagone（もとの意味は「六角形」）、le Japon（日本）を le pays du soleil levant（日出ずる国）または l'archipel（列島）、le français（フランス語）を la langue de Molière（モリエールの言語）、l'anglais（英語）を la langue de Shakespeare（シェークスピアの言語）、l'italien（イタリア語）を la langue de Dante（ダンテの言語）などと言い換えることで繰り返しを避けます。では、先行詞とは異なる名詞を用いて照応する場合、つまり非忠実照応する場合に、照応詞の名詞には定冠詞と指示形容詞のどちらを用いるべきなのでしょうか。その指針は次のように定めることができます。

1）定冠詞つき名詞句 le X による照応：照応詞は、先行文脈や先行詞および一般知識から予測不可能な新しい情報を含むことはできない

2）指示形容詞つき名詞句 ce X による照応：照応詞の名詞やその修飾語句に、先行文脈や一般知識にない新しい情報を付け加えることができる

　le X による照応では、例えば先行詞 un / le chat（猫）を le félin（ネコ科動物）で照応したり先行詞 une / la rose（薔薇）を la fleur（花）で照応したりすることは可能ですが、逆に先行詞 un / l'animal（動物）を le tigre（虎）で照応したり先行詞 une / la fleur を le tournesol（ひまわり）

で照応したりするのは不可能です。実例で確認してみましょう。次の例
3）と例 4）は総称名詞の例ですが、特定の名詞の場合と問題は同じです。

3）［新聞記事の見出し］*L'éléphant,* **sismomètre de la savane**

　　Quand il grogne ou qu'il prend ses jambes à son cou, *le pachyderme*
　　fait vibrer le sol, et ses congénères — et les chercheurs — l'écoutent.

　　　　　　　　　　　　　　　　　　　　　　　　（*Le Monde,* 13/05/2018）

　　象、サヴァンナの地震計

　　厚皮動物（＝象）は唸るときや逃げるときに地面を振動させる。それを仲間たちは ―
　　研究者も ― 聞き取ろうとする。

4）［新聞記事の見出し］*Le milan noir,* **oiseau pyromane**

　　Des scientifiques australiens assurent que *le rapace* **propage**
　　volontairement des incendies en transportant des branches
　　incandescentes. 　　　　　　　　　　　　　（*Le Monde,* 21/01/2018）

　　鳶、放火魔の鳥

　　オーストラリアの科学者たちは、猛禽類（＝鳶）が白熱した枝を運んで、意図的に火事
　　を広げることを断言する。

　例 3）は象が地面を震動させることで仲間とコミュニケーションを取る
ことを報告する記事で、例 4）は鳶が狩りのために火のついた枝をわざと
草むらに落とすことが確認されたと報告する記事です。象（éléphant）が
厚皮動物（pachyderme）に属する動物であることや、鳶（milan noir）が
猛禽類（rapace）の一種であることは、新聞読者の一般知識に含まれてい
る情報であると言えます。このように、先行詞と照応詞が下位語（＝先行
詞）と上位語（＝照応詞）の関係にある場合には、定冠詞による非忠実照
応が可能です。逆に先行詞が上位語で照応詞が下位語の場合には、定冠詞
による照応はできません。

5）Entre les pattes d'*un lion*

　　Un rat sortit de terre assez à l'étourdie.

　　Le roi des animaux, **en cette occasion,**

Montra ce qu'il était, et lui donna la vie.

(La Fontaine, « Le Lion et le Rat », Fable XI, Livre II, *Fables*)

ライオンの足のあいだに / うかつにも　一匹のネズミが土のなかから出てきた。 / 動物たちの王は　この機会に / 王者らしく振る舞って　ネズミの命を助けてやった。

6) *Montaigne* a choisi d'écrire les *Essais* en français. Dans les années 1570, une telle décision n'allait pas de soi. *L'écrivain* s'en explique après coup, en 1588, dans le chapitre « De la vanité » : 〔...〕

(Antoine Compagnon, *Un été avec Montaigne*)

モンテーニュは『エセー』をフランス語で書くことを選んだ。1570 年代、このような選択はあたりまえのものではなかった。これについて、作家はのちの 1588 年に「むなしさについて」の章で説明している。〔…〕

例 5) では、「ライオンが百獣の王である」ことは一般に広く認識されているので、先行詞 un lion に対して定冠詞を用いた le roi des animaux（百獣の王）という非忠実照応ができます。例 6) では、モンテーニュが作家であることは読者にとって周知の事実であり、先行詞 Montaigne を定冠詞つきの照応詞 l'écrivain で受ける非忠実照応が成立します。

　照応詞の名詞句が一般知識を前提としたものではなく、次の例 7) のように、先行文脈にある情報をふまえていることもあります。

7) Diplômé du brevet des collèges, *David F.* se présente comme un « passionné des réactions chimiques et qui, petit à petit, fait des essais et apprend sur le tas ». *L'autodidacte* s'initie sur Internet, puis distille ses recettes sur son propre « forum sur la chimie des produits psycho actifs » intitulé *The chemical dragon*.

(*Libération*, 28/08/2007)

中学を修了しただけのダヴィッド・F は、化学反応に魅了されて実験を重ね、少しずつ実地で学んだという。（この）独学者はインターネットの基礎についても勉強し、ケミカル・ドラゴンと名づけた「精神活性化学製品についてのフォーラム」に自分のレシピを載せていった。

　例 7) は、自宅をラボにして麻薬を製造しネットで販売していたアマチュア化学者の逮捕を伝える新聞記事です。「David は化学反応に魅せられ実験を繰り返して実地で訓練を積む」という先行文脈は David に「独学者（autodidacte）」という属性を与えるため、先行詞 David を定冠詞つき名詞句 l'autodidacte を用いて受け直す非忠実照応が可能になります。

　le X による照応では先行文脈や一般知識から予測できる情報のみを照応詞に含みうるのに対し、ce X による照応では先行文脈や一般知識にはない、まったく新しい情報を照応詞に付け加えることができます。

8） *Ando Shoeki*（**le patronyme précède ici le prénom**）**est l'une des figures les plus curieuses de la pensée japonaise.** *Ce médecin philosophe* **écrivit au milieu du XVIII**ème **siècle dans l'extrême nord du Japon, une des régions les plus pauvres.**　　（*Le Monde*, 24/05/1996）

　　安藤昌益（ここでは姓を名前より先に書く）は、日本の思想史においてもっとも特異な人物の一人である。この医者兼思想家は 18 世紀半ば、日本の最北端のもっとも貧しい地域の一つで著作を行なった。

9） **L'affaire** *Martin Guerre* **est célèbre.** *Ce paysan du comté de Foix* **avait quitté son village à la suite d'un conflit familial. Quand il revint douze ans plus tard, un sosie avait pris sa place, jusque dans le lit conjugal.**　　（Antoine Compagnon, *Un été avec Montaigne*）

　　マルタン・ゲール事件は有名である。このフォア伯爵領の農夫は家庭内のもめ事がきっかけで村を飛び出していた。12 年後に帰郷したとき、自分と瓜二つの男が彼になりすまし、妻と寝床までともにしていた。

　例 8) では、フランスの新聞読者の多くは安藤昌益が医者であり思想家であることを知らないと考えられるため、読者にとって新しい情報を含む照応詞 médecin philosophe には指示形容詞のみが可能です。これは例 6) と比べると興味深いですね。同じく例 9) でも、マルタン・ゲールがフォア伯爵領の農夫であることは読者にとって未知の情報だと考えられるため、照応詞 paysan du comté de Foix には指示形容詞が用いられています。

14課 話し手の主観や視点を表す ce X

14課では、照応的用法における指示形容詞つき名詞句 ce X の特性について考えます。13課で説明したように、le X による非忠実照応では、先行文脈や一般知識から予測可能な情報のみを照応詞に含むことができるのに対し、ce X による非忠実照応では、先行文脈や一般知識にない、読者や聞き手にとって未知の情報を照応詞の名詞や修飾語句に含むことができます。

1) **Rue Montmartre, après la fuite de Gérard, Elisabeth entra dans la chambre de** *sa mère* **: cette chambre formait, avec un pauvre salon, le côté gauche de l'appartement.** *La malade* **sommeillait. Depuis quatre mois qu'une attaque l'avait paralysée en pleine force,** *cette femme de trente-cinq ans* **paraissait une vieille et souhaitait mourir.**

（Jean Cocteau, *Les Enfants terribles*）

モンマルトル通りでは、ジェラールが去った後、エリザベートは母親の寝室に入った。この部屋と粗末な客間が家の左半分を占めていた。病人はまどろんでいた。4ヶ月前に発作に襲われ体が麻痺してから、この35歳の女性はすっかり老けこんでしまい、死にたがっていた。

例1）では、エリザベートの母親が病気であることが数ページ前に明かされているため、sa mère（彼女の母親）と定冠詞つき名詞句 la malade（病人）が同じ人物であることがわかります。いっぽう、母親が35歳であることは読者にとってまったく新しい情報であるため、指示形容詞を用いた cette femme de trente-cinq ans だけが可能で、ここで定冠詞を用いると、この女性が病人（＝母親）と同一人物であることが伝わりません。

le X による非忠実照応において「先行文脈や一般知識から予測可能な情報のみが照応詞に含まれる」ということは、11課・12課で説明した

「le X による照応は物語の自然な展開を引き継ぎ、X を取り巻くその他の要素も含めた談話世界を介して先行詞を間接的に捉える」こととつながっています。いっぽう、ce X による非忠実照応において「先行文脈や一般知識から予測できない情報を照応名詞句に付加する」ということは、その指示対象を別の側面から新たに捉え直すということであり、「ce X による照応は物語の枠組みを引き継がず、談話世界にある先行詞のみを直接に捉えてクローズアップして提示する」ことにつながります。カメラワーク・メタファーを用いるなら、指示対象についての新しい情報の付加は、先行場面と同じ背景のロングショットでの撮影ではなく、その登場人物にフォーカスを絞って新しい場面を設定して物語を進めるというカメラマン（＝話し手）の選択であり、ce X のみが可能となります。

　先行詞の指示対象を新たな視点から捉え直す機能や先行文脈で述べられた出来事や状況を要約して受け直す機能が指示形容詞にあることは、多くの研究者に指摘されています（Corblin 1983, Kleiber 1984, 春木 1986）。

2）**Le merle est l'un des oiseaux les plus communs de nos régions et le plus fréquent dans les jardins, jusqu'au cœur des villes. *Cette réussite* lui vient de sa remarquable capacité d'adaptation.**

（Vincent Albouy, *Les Oiseaux du jardin*）

ツグミは我々の土地で最もありふれた鳥の一つで、街中の家の庭にまで現れる鳥である。この繁栄はツグミの驚くべき適応能力に由来する。

3）**Montaigne oppose l'amitié, plus tempérée et constante, à l'amour pour les femmes, plus fiévreux et volage ; il la distingue aussi du mariage, assimilé à un marché, restreignant la liberté et l'égalité. *Cette méfiance à l'égard des femmes*, on la retrouvera dans « Des trois commerces », où il compare l'amour et l'amitié à la lecture.**

（Antoine Compagnon, *Un été avec Montaigne*）

モンテーニュは温和で確固とした友情を、熱狂的だが移り気な、女性に対する恋愛感情と対比させる。彼は友情を結婚からも区別し、結婚は商取引のようなもので、自由と平

等を束縛するという。モンテーニュのこの女性不信は、「三つの交際について」の章にも見いだせる。彼はこの章で、恋愛と友情を読書と比較しているのである。

例2）で cette réussite（この繁栄）が先行文脈の「ツグミの姿がどこででも見られる」ことだと解釈できるのは ce X が選択されているからで、ここで le X を用いることはできません。指示形容詞の持つ捉え直し・再定義の機能が定冠詞にはないからです。同じく例3）で cette méfiance à l'égard des femmes（この女性不信）が先行文脈で説明されたモンテーニュ個人の女性不信であると解釈されるのも ce X が使用されているからで、ここで定冠詞を用いると、一般概念としての女性不信を意味することになります。

4) **En Egypte, le gouvernement défend la vente et le commerce du hachisch, à l'intérieur du pays du moins. Les malheureux qui ont *cette passion* viennent chez le pharmacien prendre, sous le prétexte d'acheter une autre drogue, leur petite dose préparée à l'avance.**

（Charles Baudelaire, *Les Paradis artificiels*）

エジプトでは、政府がとにかくも国内での大麻の販売や商取引を禁止している。大麻にはまっている（＝この嗜好を持つ）哀れな人たちは、他の薬を買うという口実のもとに薬局に来て、あらかじめ用意されたわずかばかりの量を受け取るのである。

5) **Sur le midi, la pluie à verse continuant toujours, Fabrice entendit le bruit du canon ; *ce bonheur* lui fit oublier tout à fait les affreux moments de désespoir que venait de lui donner cette prison si injuste.** （Stendhal, *La Chartreuse de Parme*）

お昼になってもどしゃ降りの雨が続いていた。ファブリスは大砲の音を聞いた。この幸福が、あの不当な牢獄で彼が味わった恐ろしい絶望の時をすっかり忘れさせた。

例4）と例5）は、ce X による照応に話し手・語り手の主観や視点が強く感じられる例です。例4）では、大麻の吸引が一部の人にとって熱中の対象であるという再定義が cette passion（この嗜好）によって示されています。また例5）では、ナポレオンを崇拝するファブリスにとって大砲の

音を聞くことが幸福であるということが ce bonheur（この幸福）という言葉から理解されます。le X を用いて照応するには、先行文脈の構築する談話世界と照応詞とのあいだに何らかの意味的連鎖がなければなりませんが、例 4) の「大麻」と passion（嗜好）、例 5) の「大砲の音を聞くこと」と bonheur（幸福）のあいだには一般知識によって想定される意味の連関が認められないため、ce X による照応のみが可能なのです。それに対し、次の例 6) では、「少女が舌を出して見せた」ことが cette riposte（この反撃）と再定義されていますが、ここでは la riposte を使うことも可能です。それは、文脈から「舌を出してみせること」と「反撃」とのあいだに強い意味的連鎖が感じられるからです。

6)［ホテルの食堂で、エリザベートとポールはいきなり顔をしかめて少女たちを驚かす遊びを思いつく］**Un soir, une très petite fille que douze grimaces n'avaient pas réduite et qui se contentait de plonger le nez dans son assiette, leur tira la langue sans être vue de personne, lorsqu'ils quittèrent la table. *Cette riposte* les enchanta et dénoua définitivement l'atmosphère.**

(Jean Cocteau, *Les Enfants terribles*)

ある夜、小さな女の子に 12 回も恐い顔をして見せたが、少女はひるまず料理の皿を見つめるだけだった。しかし二人がテーブルを離れるときに、少女は誰にも見られないように舌を出してみせた。この反撃は二人を大喜びさせ、緊張した雰囲気をすっかり解きほぐした。

指示形容詞による非忠実照応では、先行詞・先行文脈と照応詞とのあいだに一般知識に支えられた意味的接点がなくても、指示形容詞の持つ直接指示の力によって先行詞と照応詞を結びつけることができます。そして先行詞と照応詞との結びつきが主観的であればあるほど、指示形容詞による照応しか許されなくなります。いっぽう、定冠詞による照応は、先行詞を直接に指示して受け直すものではなく、一般知識や先行文脈が構築する談話世界を介した間接指示であるため、客観的知識や先行文脈からの情報に基づいた意味的連鎖が存在することが重要になってきます。

　この課では、**認知フレーム**（［仏］cadre cognitif /［英］cognitive frame）において唯一であるとみなされる指示対象について検討します。

　認知フレームについて定義する前に、鍵となる対概念、「役割」と「値」について簡単に説明しておきます。言語学者フォコニエ（Fauconnier）は、メンタル・スペース理論で、一般に定冠詞つきの名詞句は関数的性質を持つ「役割（rôle）」であり、時間・場所・状況・文脈によってさまざまな「値（valeur）」を取りうると指摘しました。例えば、le président は「大統領」という「役割」を表し、1984 年のフランスなら François Mitterrand を、2018 年のフランスなら Emmanuel Macron を、そして 2016 年のアメリカなら Barack Obama を「値」にとる役割関数であるというのです。

1) *Le président* **change tous les sept ans.**　　　　　　　　（Fauconnier 1984）
　　大統領は 7 年ごとに変わる。

2) ［ウィーンで］*Le président de la République* **a rendu hommage à la communauté arménienne.**　　　　　　　　（*Le Monde*, 10/01/1984）
　　共和国大統領はアルメニアの共同体に敬意を表した。

　例 1) の le président は「大統領という役割」を表し、特定の個体（＝値）は表さないという解釈が一般的でしょう（注：フランスの大統領の任期は今は 5 年ですが、2000 年までは 7 年でした）。それに対し、例 2) の le président de la République は、大統領という役割だけでなく、1984 年当時の大統領である Mitterrand という個体（＝値）も表しています。映画『アメリカの夜』からの次の例は定冠詞ではなく所有形容詞つき名詞句の例ですが、役割として解釈される名詞句の意味がよくわかります。

3) **Journaliste : Je m'excuse de faire à cette occasion quelque peu irruption dans votre vie privée, mais on a tout de même lu dans les**

journaux américains que Mlle Baker, de santé fragile, avait épousé *son docteur*...

Julie Baker : Ah, non... je n'ai pas épousé *mon docteur* ! J'ai épousé un homme qui est docteur.

（*La Nuit américaine*, film de François Truffaut）

記者「私生活に立ち入る話をしてすみませんが、アメリカの新聞によると、病弱なあなたは主治医と結婚されたとか …」

ジュリー「いいえ、主治医と結婚したのではありません。結婚した男性が医者だったのです」

　例3）では、ジャーナリストが son docteur（彼女の医者）という言葉を、女優が選んだ男性という「個人」（＝値）よりも「医者」という役割に重点を置いて使っていることを彼女は感じて、自分は「主治医」と結婚したのではなく「医者である一人の男」と結婚したのだと反論しています。

　つぎに、認知フレームについて説明しましょう。認知フレームはもともと人工知能や認知科学の分野で Minsky や Schank&Abelson によって考案され、Fillmore や Langacker などによって言語学の分野に応用された概念です。ここでは認知フレームを次のように定義しておきます。

4）認知フレーム：ある出来事や状況・人・物といった要素、それら要素の属性や要素間の関係などが結びついた知識のネットワーク

（小田 2012）

　認知フレーム内の各要素は役割であり、現実世界ではさまざまな値（または個体）を取りうるものです。結婚式フレームという具体例をもとに説明するなら、一般に西洋式の結婚式には、a. 新郎、b. 新婦、c. ウェディングドレス、d. 結婚指輪、e. ブーケ、f. 招待状 ･･･ などがつきもので、この a から f（＋ α）の要素が結婚式フレーム内の役割として働きます。認知フレームは文化的に規定されたものであるため、文化圏によって構成要素は異なります。例えば、フランスではまず市長の立ち会いのもと市役所で結婚式を挙げ、ついで教会で式を挙げるため、フランス人の結婚式フレームには g. 市長、h. 市役所、i. 教会といった要素（＝役割）も含めて

いいでしょう。しかし、日本では市長立ち会いのもと市役所で結婚式を挙げる習慣はないので、日本人にとっての結婚式フレームには（婚姻届を提出する市役所の要素はあっても）市長の要素はありません。では、発話において結婚式フレームがどのように機能するかを観察してみましょう。

5) – 〔...〕 **Il faut que je mette ma fiancée en lieu sûr chez ses parents.** 〔...〕

– **Ah ! c'est votre fiancée ? dit Charlie qui pensait à autre chose.**

– **Oui. Nous devions nous marier le 14 juin. Tout était prêt, monsieur, *les invitations* lancées, *les bagues* achetées, *la robe* devait être livrée ce matin.** （Irène Némirovsky, *Suite française*）

「〔…〕僕は婚約者を無事に彼女の実家に送り届けなければならないんです。〔…〕」

「ああ、彼女は婚約者なんですね」とシャルリは言いながらも別のことを考えていた。

「はい。6月14日に結婚する予定でした。準備は何もかも整っていたんです。招待状は送ったし、指輪は買ったし、花嫁衣装も今朝届くはずだったんです」

例 5) において「6月14日に結婚する予定でした」とシャルリに言った青年が定冠詞を用いて les invitations（招待状）、les bagues（指輪）、la robe（ドレス）と言うことができるのは、婚約や結婚についての言及によって発話参加者が共有する結婚式フレームが喚起されるからです。結婚・婚約が話題になったりほのめかされたりすると結婚式フレームが呼びだされ、そのフレーム内のデフォルト要素が潜在的に活性化されます。招待状や指輪、ドレスなどは結婚式フレーム内のデフォルト要素であり、フレーム内で存在前提を持つため、先行詞がなくても、いきなり定冠詞を用いて les invitations や les bagues, la robe と言うことができるのです。このとき、les invitations や les bagues, la robe は認知フレーム内の一種の役割として働いています。

認知フレームには、結婚式フレームや誕生日フレーム（プレゼントやケーキなどを役割として含む）、クリスマスフレーム（サンタクロースやモミの木、プレゼントなどを役割として含む）、レストランで注文するフレームのようにイベントや出来事を基盤とするものもあれば、次の例 6) に関

係する家フレームのように、モノや個体に特徴づけられるものもあります。

6) [新居を案内されて] **Où est *la cuisine* ?**

台所はどこですか？

　例 6) は、友人夫婦の新居に初めて招かれて家を案内されているときの発話です。初めて訪れる家であっても定冠詞つき名詞句 la cuisine（台所）を用いてその場所を尋ねることができるのは、「一般に家には台所がひとつある」という共通認識があるからです。認知フレームを用いて説明するなら、典型的な家フレームには台所・居間・バスルーム・寝室・玄関・屋根などの諸要素つまり役割が含まれていて、家フレームが喚起される状況では、フレーム内において存在前提を持つこれらの要素について定冠詞を用いて話すことができるということです。

7) [パソコンの先生がニキータに] **Au départ, je vais vous faire un petit programme facile, hein. Voyez, ça, c'est comme un clavier de machine à écrire : il y a *les lettres, les chiffres...* ça, c'est *la souris* : il y a une petite bille en dessous, quand vous la promenez là, ça promène la flèche sur l'écran, OK ?**　　　　(*Nikita*, film de Luc Besson)

まずは簡単なプログラムからやってみよう。ほら、これはタイプライターのキーボードみたいなものだよ。文字があって、数字があって ⋯。こっちはマウス。下に小さいボールがついてて、マウスを動かすと、画面上のカーソルが動くんだ。わかる？

　一般的なパソコンフレーム内にはキーボード・文字キー・数字キー・マウス・ディスプレイなどの諸要素があり、例 7) の les lettres（文字）、les chiffres（数字）、la souris（マウス）はパソコンフレーム内における役割を表しています。例 6) の家フレームとは異なり、例 7) のパソコンフレームはこの場の話者 2 人に最初から共有されたものではありませんが、話し手である教師が持っている認知フレームを聞き手に押しつけている（ここでは教えている）と考えられます。ここでは、9 課で説明した、命令文や依頼文の対象となる事物（例えば直接目的語の名詞句）の存在前提を話し手が聞き手に押しつけることができるのと同じメカニズムが働いています。

15課に引き続きこの課でも、認知フレームにおいて唯一であるとみなされる指示対象について考えます。

15課で説明した、認知フレームにおいて唯一性を満たす名詞句の現象は、一般には**連想照応**（anaphore associative）と呼ばれています。連想照応とは、先行詞と照応詞が何らかの連想によって結びつけられることから来る名称です。先行研究で挙げられている連想照応の例を見てみましょう。

1）Il s'abrita sous *un vieux tilleul. Le tronc* était tout craquelé.

（Fradin 1984）

　　　彼は菩提樹の老木の下に避難した。木の幹には一面にひびが入っていた。

2）Nous entrâmes dans *un village. L'église* était située sur une hauteur.

（Kleiber 1999）

　　　私たちはある村に入った。教会は高台に建っていた。

例1）では un vieux tilleul（菩提樹の老木）を先行詞として le tronc（幹）を照応詞とする連想照応が、例2）では un village（村）を先行詞として l'église（教会）を照応詞とする連想照応が成立しています。例1）の菩提樹と木の幹は「全体と部分」の関係にあり、これは連想照応が成り立つ最も典型的なパターンを表しています。いっぽう、例2）の村と教会との照応関係は、「一般に（フランスの）村には教会がある」という文化的知識つまり認知フレームに支えられています。では、さまざまな実例をもとに連想照応のメカニズムについて考えてみましょう。

3）*L'appareil* se trouvait sur une console surmontée d'un miroir. Pardon, sa serviette à la main, saisissait *le combiné*.

（Simenon, *Une Confidence de Maigret*）

電話機は鏡のついた小机の上にあった。パルドンは手にナプキンを持ったまま、受話器

を取った。

4) **Lorsqu'il mangeait *un chocolat*, il mettait *le papier d'argent* soigneusement de côté et le donnait au jockey chargé de soigner le poney Gymnastique.**　　（Maurice Druon, *Tistou les pouces verts*）

　彼（ティストゥー）は、チョコレートを食べるときには銀紙を忘れずに取っておいて、子馬のジムナスティックの世話係に渡すのだった（注：馬のたてがみや尻尾の毛に銀紙を編み込んで三つ編みにするため）。

5)［メグレが旅行鞄店の主人に］

　– Pouvez-vous vous absenter pendant une demi-heure ? Sautez donc dans *un taxi* et venez me voir à l'adresse que voici.

　– Je suppose que vous paierez *la course* ?〔...〕

　　　　　　　　　　　　　　　　（Simenon, *Un Noël de Maigret*）

「30 分ほどお店を離れられますか？　タクシーに乗って、これから言う住所の私のところに来て下さい」

「タクシー代は払ってもらえるんでしょうね？〔…〕」

　例 3）では、l'appareil（電話機）と le combiné（受話器）とが全体と部分の関係であることから連想照応が成立しています。例 4）の un chocolat（チョコレート）から le papier d'argent（銀紙）への連想照応は、「板チョコは銀紙（アルミ箔）に包まれている」という知識が格納された「チョコレート」フレームによって支えられ、例 5）の un taxi（タクシー）から la course（乗車料金）への連想照応は、「タクシーに乗ると料金が発生する」という知識を含む「タクシー」フレームによって支えられています。いずれの場合も、定冠詞つき名詞句は、全体と部分との関係において、または認知フレームにおいて唯一であるような指示対象を表しています。例 3）・4）・5）では、先行詞と照応詞との距離も近く、また定冠詞による連想照応を保証する認知フレームもわかりやすいものですが、実際にはそのような例ばかりではありません。

　6) **Dans certains immeubles, de l'autre côté du boulevard, les fenêtres**

avaient des persiennes, dans certains, pas. Peu de gens étaient levés. Par-ci par-là, seulement, une lumière restait allumée, sans doute parce qu'il y avait des enfants qui s'étaient levés de bonne heure pour se précipiter vers *l'arbre et les jouets*.

（Simenon, *Un Noël de Maigret*）

大通りの向こう側のいくつかの建物では窓のよろい戸は下りていたが、そうでない建物もあった。起きている人はまだ少ない。あちらこちらで明かりがついているのは、たぶん子供たちがツリーやおもちゃにとびつこうと早起きしたからだろう。

7）［メグレが医者に］

　– Je vous demanderai de ne parler de ceci à personne, n'est-ce pas ?...

　– La recommandation est inutile... Il y a *le secret professionnel*...

（Simenon, *La Tête d'un homme*）

「このことは誰にも話さないでいただけますよね？」

「ご忠告には及びませんよ…。職務上の秘密（守秘義務）がありますからね…」

8）［自動車の整備工場で］

　Le client : C'est terminé ?

　Guy : Oui. *Le moteur* cliquète encore un peu à froid mais c'est normal.　　（*Les Parapluies de Cherbourg*, film de Jacques Demy）

客「終わったかい？」

ギィ「はい。エンジンは温まらないうちはカチカチ音がしますが、これがふつうですよ」

　例6）の l'arbre（木）と les jouets（おもちゃ）がそれぞれクリスマス・ツリーとクリスマス・プレゼントであるのは、それがクリスマスの朝の出来事であることから明らかです。しかし、l'arbre と les jouets の先行詞がどの言語表現であるかを決めることは難しく、むしろ描かれている場面そのものが「クリスマス」フレームを喚起していて、l'arbre と les jouets はこの認知フレームの中に指示対象を持っていると考えることができます。例7）の le secret professionnel（職務上の秘密）についても同様で、先行詞とわかる明示的な言語表現は先行文脈の発話にはなく、話し手が医者で

あり、「医者の義務」に関係するフレームが発話参加者に共有されている
ことが定冠詞を用いた le secret professionnel の使用を自然なものとして
います。例 8) の le moteur（エンジン）についても、先行詞となる明示的
な言語表現はありませんが、発話状況と文脈が呼び起こす「車」フレーム
の知識によって、これが話し手の修理した車のエンジンであるとわかりま
す。このように、先行詞が一つの名詞句に決まらない例 6)・7)・8) のよ
うな場合でも、照応詞となる定冠詞つき名詞句は発話状況や文脈が喚起す
る認知フレーム内に唯一の指示対象を持っており、その照応のメカニズム
は広い意味での連想照応であると考えることができます。

　連想照応について注目すべきは、次の二つのことです。まず第一に、
11 課から 14 課で学んだ忠実照応および非忠実照応では、照応詞と同一
指示関係にある先行詞（または先行する言語表現）が先行文脈にありまし
た。しかし連想照応では、先行詞（または先行詞とみなされる表現）の指
示対象と照応詞の指示対象は、全体と部分の関係であることはあっても完
全に同じものではないので、先行詞と照応詞は同一指示関係にはありませ
ん。第二に、忠実照応・非忠実照応では、文脈などの条件次第で指示形容
詞も用いることができますが、連想照応では基本的に定冠詞のみが可能
で、指示形容詞を使うことはできません。例 1) から例 8) の連想照応の
le X を ce X に置き換えると、不自然な文になるか、特別な意図が感じら
れる文になります。以上の 2 点は、定冠詞と指示形容詞の性質の違いを
よく表しています。つまり、ce X による指示・照応では指示対象への直
接指示が行われますが、連想照応における先行詞（または先行表現、認知
フレーム）と照応詞との関係はあくまで間接的なものであるため、ce X
による連想照応は難しいのです。いっぽう、9 課や 12 課でも述べたよう
に、le X には指示対象をじかに受け直す直示の用法はありません。間接
指示である連想照応が定冠詞のみによって可能であるということは、まさ
に定冠詞つき名詞句 le X による指示・照応のメカニズムが直接指示では
なく、間接指示であることを示しています。

6課から16課まで、「定冠詞単数つきの名詞句 le X は何らかの枠組みにおいて唯一の X である」という唯一性説について、さまざまなケースに分けて検討してきました。では、定冠詞複数の名詞句は一つではなく複数だから、唯一性説では説明できないのでしょうか？ ご心配なく！ 5課でも少し説明しましたが、定冠詞単数の唯一性と定冠詞複数の原理のおおもとは同じものです。この課では、定冠詞複数の正体を探ります。

言語学者デュクロによると、定冠詞つき名詞句は単数であれ複数であれ、その記述内容がクラスの個体すべてについて成り立つことを示し、そして定冠詞が単数の場合には、そのクラスが唯一の個体しか含まないことを表します（Ducrot 1972）。言い換えると、定冠詞単数の名詞句 le X は「ある枠組みにおいて X に当てはまるものは一つである」ことを表し、定冠詞複数の名詞句 les X は「ある枠組みにおいて X に当てはまるすべてのもの」を表すのです。英語学では「定冠詞は inclusiveness（包括性）を表す」（Hawkins 1978）という言い方もします。ここでは定冠詞複数についてのこの考え方を**包括性説**と呼ぶことにします。定冠詞複数の名詞句 les X の実例を見てみましょう。

1）[パリ、1940年6月] **Il avait été entendu que *les domestiques* ainsi qu'Hubert et Bernard partiraient par le train. Mais déjà *les grilles*, dans toutes les gares, étaient closes et gardées par la troupe.**

（Irène Némirovsky, *Suite française*）

使用人たちとユベールとベルナールは列車で行くことになっていた。だが、どの駅の柵もすでに閉められ、軍隊に警備されていた。

2）[ガソリンを買いに隣の村に行きたいので車を見ていてほしいとシャルリに言われた青年が]

– Hélas, monsieur, il ne reste plus rien. J'ai pris les derniers bidons

et à un prix extravagant. J'en aurai juste assez pour gagner la
Loire 〔...〕 et passer *les ponts* avant qu'ils ne sautent.
– Comment ? On va faire sauter tous les ponts ?
– Oui. Tout le monde le dit. 〔...〕　　　　　　　　　　　　　　(*Ibid.*)

「ああ、残念ながらもうありませんよ。いくつか残っていた缶を僕が買いました。法外な

値段でね。それでも、せいぜい、ロワール川までたどり着いて〔…〕橋を渡るぐらいの

分量しかないのです、橋が爆破されてしまわないうちに」

「ええっ　すべての橋が爆破されるのですか?」

「ええ。みんなそう言っていますよ。〔…〕」

　例 1) の les domestiques (使用人) はその家の使用人の一部ではなく全
員を表し、les grilles (柵) はパリのすべての駅の柵全部を表すと考えら
れます。例 2) では、passer les ponts の les ponts (橋) がロワール川にか
かるすべての橋と解釈できることは、続く会話から明らかです。このよう
に、定冠詞複数の名詞句 les X は、発話状況や文脈から限定された発話世
界において X に当てはまる (おおよそ) すべてのものを表します。

　次の例は、2013 年にフランスで公開されたギヨーム・ガリエンヌ監
督・主演の映画 *Les garçons et Guillaume, à table !* からの一場面です。

3)　Guillaume : Moi aussi, j'aimerais bien parler l'espagnol. Tu ne
　　voudrais pas m'offrir un séjour linguistique en Espagne cet été ?
　　La mère : Oui, si tu veux. De toute façon, ton père compte emmener
　　les garçons dans le Grand Canyon. Étant donné que ça m'étonnerait
　　que ça te fasse très plaisir, donc pourquoi pas l'espagnol ? 〔...〕
　　mais, je veux dire... Ton père et *les garçons* sont sportifs, mais pas
　　toi ! 〔...〕　(*Les garçons et Guillaume, à table !*, film de Guillaume Gallienne)

ギヨーム「僕もスペイン語が話せたらなぁ。夏にスペインで語学研修させてくれない?」

母親「いいわよ。どうせお父さんは男の子たちを連れてグランド・キャニオンに行くけ

ど、あなたは興味あるわけないし、スペイン語もいいんじゃないかしら。〔…〕つまりね、

お父さんと男の子たちはスポーツが好きだけど、あなたはそうじゃないでしょ! 〔…〕」

例 3）では、定冠詞複数の les garçons がその家の男の子全員を表すと同時に Guillaume はそこには含まれておらず、母親にとっての男の子が Guillaume 以外の男兄弟であることが示されています。*Les garçons et Guillaume, à table !*（男の子たちとギョーム、ご飯よ！）という映画のタイトルからも、彼が男の子として扱われていないことがわかります。

さきほど、「定冠詞複数の名詞句 les X は発話状況や文脈から限定された発話世界において X に当てはまる（おおよそ）すべてのものを表す」と述べました。実は、厳密には、les X が X に当てはまる「すべてのもの」つまり「100% の X」を表していないことがよくあります（*cf.* 西村 2011）。

4）Les poissonniers du Vieux-Port verbalisés pour ne pas avoir apposé le nom latin sur leurs étals　　　　　　　　（*Le Monde*, 23/06/2018）

（マルセイユの）ヴィユー＝ポールの魚屋、商品の陳列台に（魚の）ラテン語名を記さなかったために罰金を科せられる

5）« C'est la première fois qu'on voit ça » : en Alsace, *les viticulteurs* en manque de main-d'œuvre　　　　　　　　（*Le Monde*, 18/08/2018）

「こんなのは初めてだ」アルザスの葡萄農家は人手不足

例 4）・5）はいずれも新聞記事の見出しからの例です。例 4）の定冠詞複数名詞句 les poissonniers du Vieux-Port は、見出しだけを読むと「ヴィユー＝ポールのすべての魚屋」と解釈することも不可能ではありません。しかし記事をちゃんと読むと、魚のラテン語名を記さなかったり値札をつけていなかったりとさまざまな理由で罰金を科せられたのはすべての魚屋ではないことがわかります。同じく例 5）でも、アルザスのすべての葡萄農家が人手不足なわけではないのですが、定冠詞複数名詞句の les viticulteurs が使われています。厳密な規則に従うなら、定冠詞複数の名詞句 les X は包括性（すべての X）を表し、不定冠詞複数の名詞句 des X は集合の一部を表します。しかし例 4）・5）で新聞記者が定冠詞複数の les X を用いたのは、マルセイユの多くの魚屋が罰金を科せられ、アルザスの多数の葡萄農家が人手不足に苦しみ、これらの出来事がマルセイユのす

べての魚屋、アルザスのすべての葡萄農家に関わる出来事であると伝えたかったからです。不定冠詞複数の des X を用いると、その出来事・行為とは無関係の X の存在が対比的に浮き彫りになり、それが X の集合の一部のみに当てはまる出来事であることが強調されてしまいます。X の集合の一部のみに関わる出来事・行為であると伝えるなら、次の例 6) のように des X が選択されます。

6)〔GAP の広告についての記事〕*Des internautes et des élus français* **appellent au boycott de la marque américaine de vêtements, qui met en scène une enfant voilée dans une publicité.**　（*Le Monde*, 11/08/2018）

　　フランスの議員とネットユーザー、（イスラムの）スカーフを着用した少女の写真を広告に起用したアメリカの服飾ブランドの不買運動を呼びかける

　次の例 7) では、労働組合を立ち上げたのが「インドの一部の女性店員」であることが不定冠詞複数の des vendeuses indiennes で表され、仕事中に座る権利を獲得したのが「インドのケーララ州のすべての女性店員」であることが定冠詞複数の les vendeuses で表されています。

7) **Au Kerala, *les vendeuses* gagnent le droit de s'asseoir**
Assujetties à des journées de 12 heures durant lesquelles elles n'avaient pas le droit de s'asseoir ou même de s'appuyer contre un mur, *des vendeuses indiennes* ont monté un syndicat pour protester contre leurs conditions de travail indignes.　（*Le Monde*, 29/07/2018）

　　（インドの）ケーララ州で、女性店員が座る権利を獲得

　　12 時間も続く仕事のあいだ、座ることも壁に寄りかかることも許されていなかったインドの女性店員たちが劣悪な労働条件に抗議するために労働組合を立ち上げた。

　つまり定冠詞複数の名詞句 les X は、「集合における（おおよそ）すべての X を表す」か、「集合においてその出来事・行為に関わる大多数の X を、その出来事・行為に無関係の X の存在を問題にせずに表す」ということです。それに対し不定冠詞複数の des X は、その出来事・行為が集合の一部のみに当てはまることを、無関係の X の存在をふまえて表します。

オウサマペンギンの未来

　p.24 のコラムで話題にしたクスクス・ロワイヤルに続いて気になったのは、manchot royal（オウサマペンギン）である。複数形は manchots royal だろうか、それとも manchots royaux なのだろうか。何人かのフランス人の友人に尋ねたところ、クスクス・ロワイヤルの複数形については couscous royal だと答えた友人たちも、オウサマペンギンの複数形は manchots royaux だと答えたのである。ネイティブの証言は得たが、私は書かれた文字による確たる証拠を探していた。何冊か仏仏辞典にあたったが、manchot royal の複数形についての記述は見つけられず、悶々としていた 2018 年 2 月のある日、*Le Monde* に次のような見出しの記事を見つけた。« 70 % des manchots royaux sont menacés de disparaître d'ici à la fin du siècle. »（今世紀の終わりまでにオウサマペンギンの 70% が姿を消す恐れがある）　ついに証拠を得た喜びより、温暖化によって棲む場所を奪われつつあるペンギンたちを憂う気持ちのほうが大きくなる記事であった。2018 年 8 月には、同じく *Le Monde* のある記事に Disparition des saumons royaux（キングサーモンの消滅）という語句を見つけ、saumon royal の複数形もやはり saumons royaux なのだと肯いたのだが、その記事もまた、温暖化の影響によるキング・サーモンの数の減少がそれを主食とするシャチの個体数の減少につながっていることを報じるものであった。

　フランス語には glacial（凍るように冷たい）という形容詞がある。仏仏辞典によると、glacial の男性複数形はふつう glacials で、glaciaux の形はまれである（*ex.* des hivers glacials）。banal, fatal, final などいくつかの形容詞は男性複数形の語尾が -aux にならず、原則どおり男性形に s をつけて -als となるが、glacial も同じ仲間である。そこで次のように覚えておこう。« Seuls les manchots royaux saluent les vents glacials. »（オウサマペンギンだけが身を切るような冷たい風を歓迎する）と。

第3章

不定冠詞と部分冠詞

指示対象が定であれば定冠詞、指示対象が不定であれば不定冠詞または部分冠詞が用いられることを第1章で学びました。

第3章では、不定冠詞と部分冠詞の使い分けについて考えます。数え（られ）る名詞つまり可算名詞なら不定冠詞が選択され、数え（られ）ない名詞つまり不可算名詞なら部分冠詞が選択されますが、難しいのは、可算・不可算の区別が何を基準にして決まるのかということです。外国語の母語話者にも可算か不可算かが予測しやすい名詞もありますが、予想を裏切られるような名詞もあります。また、フランス語では、可算名詞が不可算的に用いられたり、逆に不可算名詞が可算的に用いられることも多いのです。可算・不可算の問題は、言語や文化の眼を通して我々はどのように対象を捉えるのかという興味深い問題と密接に結びついています。

18課 定と不定の対立、全体と部分の対立

第3章のテーマは不定冠詞と部分冠詞です。この18課では、定冠詞と比較した場合の不定冠詞と部分冠詞の基本的な特性について考えます。

第1章で述べたように、ある特定（spécifique）の指示対象について用いられる3種類の冠詞、つまり定冠詞・不定冠詞・部分冠詞を分類する最初の基準は、「指示対象が定か不定か」という基準です。「定 défini」なら定冠詞が、「不定 indéfini」なら不定冠詞または部分冠詞が選択されます。定の指示対象とは、話題になっている対象が何のことであるかについて話し手と聞き手に共通の認識があるもののことです。不定の指示対象とは、話題になっている対象について話し手と聞き手のあいだに共通の認識がないもの、聞き手にどれのことかわからないもののことです。

1）［ルロワ刑事がメグレ警視に］

– Excusez-moi, commissaire... Mais... *les empreintes*...

Il dut penser que son chef était de la vieille école et ignorait la valeur des investigations scientifiques car Maigret, tout en tirant une bouffée de sa pipe, laissa tomber :

– Si vous voulez... （Simenon, *Le Chien jaune*）

「失礼ですが、警視…、あの、指紋を…」

ルロワは自分の上司が旧式の刑事で、科学的捜査の価値を知らないのだと思ったに違いない、というのも、メグレはパイプの煙をふぅっと吐き出しながら、次のように言っただけだったのだ。「まあ、やってもいいがね…」

2）Comme elle ne me prêtait pas attention, je m'installai tranquillement sur une marche avec *une tasse de café* et *une orange* et entamai *les délices du matin* : je mordais *l'orange*, un jus sucré giclait dans ma bouche ; une gorgée de café noir brûlant, aussitôt,

　et à nouveau la fraîcheur *du fruit*.　（Françoise Sagan, *Bonjour tristesse*）

彼女が私に特に注意を払わないので、私はコーヒーカップとオレンジを手に（テラスの）階段に座って朝のご馳走に手をつけた。オレンジにかぶりつくと、甘い汁が口の中に広がった。すぐに火傷しそうなブラックコーヒーを一口飲み、また果物の爽やかさを味わった。

3）［メグレがニューヨークに着いて］**Et maintenant *un taxi jaune* l'emmenait à travers des rues qu'il ne connaissait pas, sous une pluie fine qui rendait le décor maussade.〔...〕Nouvel embarras pour payer *le chauffeur* avec cette monnaie inconnue.**

（Simenon, *Maigret à New York*）

そして今、黄色いタクシーが、メグレの知らない通りを抜けながら彼を運んでいった。小雨のせいで陰鬱な景色だった。〔…〕慣れていないお金でタクシーの運転手に支払いをするという新たな戸惑い。

　例1）では、ルロワ刑事のいう les empreintes（指紋）は現場に残されている指紋すべてのことで、発話の状況からどの指紋のことであるかわかるため、定冠詞が用いられています。例2）では、読者（＝聞き手）の知らない対象である une tasse de café（1杯のコーヒー）と une orange（オレンジ）は不定冠詞つき名詞句で導入されていますが、ひとたび物語世界に登場して読者にとって知られたもの（つまり存在前提を持つもの）になると、この二つがまとめて定冠詞つき名詞句 les délices du matin（朝のご馳走）で受け直され、オレンジも同じく定冠詞つき名詞句 l'orange と le fruit で受け直されています。また例3）では、読者の知らないタクシーを物語に登場させるために不定冠詞つきで un taxi jaune（黄色いタクシー）が用いられていますが、そのタクシーの運転手は文脈と連想によって一人に決まるので、le chauffeur のように定冠詞が選択されています。

　定の限定辞である定冠詞と不定の限定辞である不定冠詞・部分冠詞の違いについて、「定冠詞は全体（la totalité）を表し、不定冠詞・部分冠詞は部分（une partie）を表す」とする考え方もあります。この考え方はここ

まで述べてきた定の指示対象と不定の指示対象の区別と矛盾するものではなく、一つに収斂できる説明です。なぜなら、定の指示対象について話し手と聞き手に共通の認識や存在前提があるということは、名詞が単数であれば「何らかの枠組みにおいて唯一に決まる指示対象」を表し、名詞が複数であれば「ある枠組みにおいて名詞句の記述内容が表すすべて」を表すので、定の指示対象 X は（単数でも複数でも）その場におけるすべての X、すなわち X 全体を表すからです。また、不定の指示対象について話し手と聞き手に共通の認識がなく聞き手にどれのことかわからないということは、Y はその場における唯一の対象 Y でもその場におけるすべての Y でもなく、一般知識としての Y の集合または発話状況・文脈にある Y の集合から抽出された一つの要素 Y（またはいくらかの量の Y）であるため、部分を表します。次の例 4) は『みどりの指』からの例です。

4) Ah ! te voilà, répondit le jardinier. Eh bien ! on va voir de quoi tu es capable. Voici *un tas de terreau* et voici *des pots à fleurs*. Tu vas remplir *les pots* avec *du terreau*, enfoncer ton pouce au milieu pour faire un trou et ranger *les pots* en ligne le long du mur. Après nous mettrons dans les trous les graines qui conviennent.

(Maurice Druon, *Tistou, les pouces verts*)

ああ、よく来たね、と庭師は答えた。君にどういうことができるか見てみよう。ここに腐植土の山と植木鉢がいくつかある。植木鉢に腐植土を入れ、真ん中に親指を突っこんで穴を作りなさい。それから植木鉢はぜんぶ壁に沿って一列に並べなさい。後でこの土に合う種を穴に入れよう。

　例 4) では、庭師がティストゥーに最初に植木鉢について話すときは不定冠詞つきの des pots à fleurs が用いられていますが、2 度目と 3 度目にその植木鉢ぜんぶを話題にするときには定冠詞つきの les pots が用いられています。いっぽう腐植土について話すときには、最初に不定冠詞つきの un tas de terreau、2 度目に部分冠詞の du terreau が使われています。不定冠詞も部分冠詞も不特定の対象または部分を表すのですが、最初の un tas de terreau が聞き手にとって不特定である指示対象を導入しているのに対し、2 度目の言及では（見せられた）腐植土ぜんぶではなく、その一部を植木鉢に入れなさいという指示であるため、部分冠詞つきの du terreau が用いられているのです。定冠詞つき名詞句が全体を表し、不定冠詞または部分冠詞つき名詞句が部分を表すことがわかるでしょうか。

　不定冠詞と部分冠詞が何かの部分を表すということは、この二つの冠詞の成り立ちを考えると実は当然のことなのです。不定冠詞単数の un は数詞で「ひとつ」を表す un と同じなので、un X は X の集合から抽出された一つの要素 X を表します。不定冠詞複数の des はもともと、「部分」を表す前置詞 de と、（可算名詞 X の）すべての集合を表す定冠詞複数の les（+X）がくっついてできたものです。また部分冠詞は、「部分」を表す前置詞 de と、（不可算名詞 X の）集合を表す定冠詞単数の le（+X）がくっついてできたものです。前置詞と定冠詞の縮約の規則で、de+les が des になり、de + le が du になることを思いだして下さい。不定冠詞単数の un も不定冠詞複数の des も部分冠詞の du も「全体から抽出された部分」であるという点では、性質を同じくしています。ここでは「フランス語には定冠詞と不定冠詞と部分冠詞の 3 種類の冠詞がある」という地図にしたがって旅を続けますが、「フランス語には定の指示対象を表すための定冠詞と、不定の指示対象を表す可算名詞用の不定冠詞と不可算名詞用の不定冠詞（＝部分冠詞）の 2 種類の冠詞がある」と示した地図もあります。

　次の例 5）の de mes larmes の de は、不定冠詞と部分冠詞の成り立ちにも関わる「全体のうちの一部」を表すもので、de mes larmes は「僕の涙のうちのいくらか」を意味します（最初の il は非人称主語の il です）。

5）S'il tombe *de mes larmes* dans cette fontaine, vous songerez à moi toutes les fois que vous y viendrez laver.

（George Sand, *François le Champi*）

この泉に僕の涙がいくらか落ちたら、あなたはここに洗い物に来るたびに僕のことを思いだしてくれるでしょう。

可算名詞と不可算名詞(1)　有界性と均質性

　19課から21課では、可算名詞と不可算名詞の区別について考えます。

　不定の指示対象に用いられる不定冠詞と部分冠詞を使い分ける基準は「名詞が可算か不可算か」であり、可算名詞つまり数え(られ)る名詞については不定冠詞が、不可算名詞つまり数え(られ)ない名詞については部分冠詞が用いられます。数えるものについては単数と複数の区別ができますから、不定冠詞には単数 un / une と複数 des がありますが、数えないものには単数・複数の区別がないので、部分冠詞は一つしかありません(もちろん男性名詞と女性名詞の区別はあります)。では、可算名詞と不可算名詞を分けるものは何でしょうか。その鍵となる一つの概念が**有界性**(boundedness) です。

　「有界性」とは、おおよそ「ある名詞の表す指示対象が何らかの境界線によって区切られていること」と定義することができます(石田秀雄2002)。有界的と捉えられる対象は、一つの個体を別の個体と区別することができるため可算的であるのに対し、非有界的と捉えられる対象は、境界線で区切って個体として捉えることができず連続的であるため、不可算的です。つまり、有界性のあるものが可算名詞、有界性のないものが不可算名詞ということになります。不可算名詞の典型的なものとして、de l'eau (水) や du vin (ワイン)、de l'encre (インク) などの液体、de l'azote (窒素) や de l'hélium (ヘリウム)、de l'oxygène (酸素) などの気体、de la soie (絹) や du cuir (革)、du papier (紙)、du bois (木材) などの材質、du fer (鉄) や de l'or (金)、du bronze (銅)、de l'aluminium (アルミニウム) などの金属物質、de l'amour (愛) や du chagrin (悲しみ)、du respect (尊敬) などの感情、de la patience (忍耐) や de la prudence (慎重さ)、de la modestie (謙虚さ) などの人間の性質が挙げられます。

1）De sorte que, *pour ne pas vivre*, je me plonge dans l'Art, en désespéré ; je me grise avec *de l'encre* comme d'autres avec *du vin*.

（Flaubert, *Correspondance, 18 décembre 1859*）

そういうわけで、（そんなふうに）生きないために、必死に私は芸術に没頭するのです。他の人がワインで酔うように、私はインクで酔います。

2）[姪のカロリーヌに] Oh ! je te permets bien de me voler *du papier à lettres*, pourvu que tes missives soient plus longues.

（Flaubert, *Correspondance, 20 décembre 1876*）

あ、そうだ！ 君がもっと長い手紙を書いてくれるなら、僕の便箋を勝手に使ってもいいよ。

3）Il avait *du respect* pour cette bonne fille et il voyait bien qu'à faire l'indifférent, il la rendrait plus amoureuse.

（George Sand, *François le Champi*）

彼（フランソワ）はこの人の良い娘に対して敬意を持っていたし、無関心な態度をとれば、彼女がますます自分を好きになることがわかっていた。

例 1）の encre（インク）と vin（ワイン）、例 2）の papier à lettres（便箋）、例 3）の respect（敬意）はいずれも不可算名詞で、かつ話し手（語り手）と聞き手（読者）に共通の認識のない不定のものなので、部分冠詞が用いられています。

可算名詞と不可算名詞とを分けるもう一つの重要な概念が**均質性**です。不可算名詞は非有界的で連続的であると同時に、均質的なものとして捉えられます。ゆえに、粒子が細かく均質的な sable（砂）は不可算名詞として、もう少し粒が大きく不均質的で不揃いな gravillon（小砂利）や caillou（小石）、pierre（石）などは可算名詞として扱われます。

4）Le paysage change. *Les pierres* s'espacent. Nous marchons maintenant sur *du sable*. À deux kilomètres devant nous, des dunes.

（Saint-Exupéry, *Terre des hommes*）

風景が変わり、石がまばらになる。今、僕たちは砂の上を歩いている。2 キロ先には砂丘がある。

5) ［庭師が画家に］ － ［...］ C'est *des cailloux* que tu fais ?

　　　　－ *Des gravillons.*

　　　　－ **Si tu veux tous les dessiner, tu as du travail. Y en a pas deux de**

　　　　pareils...　　　　　　　　　　　　（Henri Cueco, *Dialogue avec mon jardinier*）

　　「［…］描いているのは小石かい？」

　　「砂利だよ」

　　「ぜんぶを描くつもりなら、大変な仕事だな。二つと同じものはないからな …」

　例 4) の sable（砂）は不可算で不定のものなので部分冠詞が、例 5) の
caillou（小石）と gravillon（小砂利）は可算で不定のものなので不定冠
詞がついています。例 4) の pierre（石）は可算で定の対象（存在前提の
ある対象）と捉えられているので定冠詞がついています。名詞が複数形に
なるということは、それが数えられる対象であることを示しています。

　このように、ある名詞の表す指示対象が有界的で不連続・不均質であれ
ば可算名詞、逆に非有界的で連続的・均質的であれば不可算名詞となりま
す。つまり、可算名詞と不可算名詞の区別は完全に**恣意的な**（つまり理由
のない）ものではなく多かれ少なかれ**有契的な**（理由・動機のある）もの
であり、外国語の学習者にもある程度まで予測がつくということです。実
際、フランス語と英語の名詞の可算・不可算の区別は大部分で一致してい
ます。しかし、世界の捉え方、世界の切り分け方が言語によって異なるこ
とも事実で（事物をあるカテゴリーに分類することを**カテゴリー化**または
範疇化と呼びます）、フランス語と英語の可算・不可算の区別が同じでは
ない名詞もあります。例えば、英語では furniture（家具）や information
（情報）、advice（助言）、baggage（荷物）、spinach（ほうれん草）は不可算
名詞ですが、それに対応するフランス語の meuble（家具）、information
（情報）、conseil（助言）、bagage（荷物）、épinard（ほうれん草）は可算名
詞です。逆に、英語の grape（ぶどう）は可算名詞ですが、フランス語の
raisin は不可算名詞です。また、次の例 6)・7)・8) を見ると、フランス
語の de la menthe（ミント）と de la bruyère（ヒース）は不可算、des genêts

86

（エニシダ）と des fougères（シダ）は可算名詞として扱われていることがわかりますが、植物を表すこれらの名詞において、可算・不可算を分ける明確な動機を見いだすことは困難です。

6) [18課の例5)の続き] **Je veux aussi y cueillir *de la menthe* pour embaumer mon linge, car je vas tout à l'heure faire mon paquet ;〔...〕**

（George Sand, *François le Champi*）

それから、肌着に良い香をつけるためにミントを摘んでゆきます。後で荷造りをするから。〔…〕（注：je vas は方言）

7) **Ce territoire ne donne que de chétives récoltes, *de la bruyère* et *des genêts* ;〔...〕**　　（*Fin de la notice statistique du canton de Ste-Colombe*）

この土地には貧弱な作物やヒース、エニシダしかできない。〔…〕

8) **Il distingue dans leurs enfourchures des grappes de fleurs jaunes, des fleurs violettes et *des fougères*, pareilles à des plumes d'oiseaux.**

（Flaubert, *La Tentation de Saint Antoine*）

彼は木々の股に、黄色い花の房や紫色の花、鳥の羽に似たシダがあるのを見分けた。

　ある名詞が可算であるか不可算であるかは、その指示対象の有界性と均質性を手がかりにしてある程度までは予測することができます。つまり、可算・不可算の区別には何らかの**有契性・類像性**（iconicity）があるということです。しかし、どのような言語・文化の眼を通して世界を見るのかによって事物の捉え方は異なってくるため、可算・不可算の区別が（少なくとも外国語学習者にとっては）恣意的に思われる名詞も確かに存在します。以下に、フランス語学習者にとって難しいと思われる食べ物の可算名詞・不可算名詞の代表例を挙げておきます。

9) du pain（パン）　de la viande（肉）　du poisson（魚）
　　du maïs（とうもろこし）　de l'ail（にんにく）　du gingembre（生姜）
　　des épinards（ほうれん草）　des petits pois（グリーンピース）
　　du raisin（ブドウ）　du riz（米）　du quinoa（キヌア）
　　des céréales（シリアル）　des pâtes（パスタ）　des frites（フライドポテト）

可算名詞と不可算名詞（2） 不可算のものを数える

　指示対象の有界性と均質性を手がかりにすれば、可算名詞と不可算名詞をある程度まで区別することができます。非有界的で連続的、均質的なものが不可算名詞、有界的で不均質的、不揃いのものが可算名詞です。

　不可算名詞は可算名詞と同じように数えることはできませんが、1）に挙げるような単位を表す表現を用いて具体的な量を表すことができます。

1）**un verre d'eau**（1 杯の水）　**une bouteille de vin**（ひと瓶のワイン）
　un litre de lait（1 リットルの牛乳）　**une tasse de thé**（カップ 1 杯の紅茶）
　un bol de café au lait（ボール 1 杯のカフェオレ）　**une pincée de sel**（ひとつまみの塩）　**un morceau de fromage**（ひと切れのチーズ）　**une tranche de jambon**（1 枚のハム）　**une gousse d'ail**（1 片のニンニク）　**une grappe de raisin**（ひと房のブドウ）　**un grain de raisin**（ひと粒のブドウ）

une belle tranche de jambon de Parme（厚切りのパルマハム 1 枚）や une fameuse gorgée de poison（毒をたっぷり一口）（Rimbaud, *Une Saison en enfer*）のように、単位を表す名詞に形容詞がつくこともあります。また、beaucoup de 〜（たくさんの〜）や tant de 〜 / trop de 〜（あまりに多くの〜）、assez de 〜（かなりの〜）などの量を表す表現は、可算名詞・不可算名詞のいずれとも用いることができます。ただし、例 2）に現れる un peu de 〜（少しの〜）は原則的に不可算名詞にのみ用いられ、可算名詞については quelques 〜（いくつかの〜）や plusieurs 〜（いくつもの〜）を用います。

2）**Nous retrouvons *un demi-litre de café* au fond d'un thermos pulvérisé, *un quart de litre de vin blanc* au fond d'un autre. Nous filtrons ces liquides et nous les mélangeons. Nous retrouvons aussi *un peu de raisin* et une orange.**　（Saint-Exupéry, *Terre des hommes*）

　僕たちに残っているのは、砕けた魔法瓶の底の半リットルのコーヒーと、もう一つの魔

法瓶の底の 4 分の 1 リットルの白ワイン。その二つを濾過してから混ぜる。そしてブド
ウが少しとオレンジが一つある。

　pain は数えませんが、une baguette や un bâtard, un croissant, une brioche
など個別のパン製品・菓子製品を表す名詞は可算名詞です。pain には決
まった形がありませんが、baguette や croissant などにはほぼ決まった形・
材料があるからです。なお、今パン屋で売られているブリオッシュには小
ぶりのものが多いですが、大きなブリオッシュを切り分けて食べることも
あるため（18 世紀の画家 Chardin も大きなブリオッシュの絵 *La Brioche*
を描いています）、例 4) の manger de la brioche や acheter de la brioche
のように、brioche は不可算名詞としても用いられます。

3）Mon père se leva et alla ouvrir le buffet. Il y avait là un beau
　plateau de gâteaux : *des mille-feuilles, des éclairs, des chaussons à*
　la confiture, des brioches aux fruits confits, des croquants.

（Jean Giono, Mort d'un personnage）

父は立ち上がり、食器棚を開けた。そこには菓子類でいっぱいのお盆があった。ミル
フィーユ、エクレア、ジャム入りのパイ、砂糖漬けフルーツ入りのブリオッシュ、クロ
カン。

4）Enfin je me rappelai le pis-aller d'une grande princesse à qui
　l'on disait que les paysans n'avaient pas de pain, et qui répondit :
　Qu'ils mangent *de la brioche*. J'achetai *de la brioche*.

（Jean-Jacques Rousseau, Les Confessions）

ついに私は、「農民たちにはパンがないのです」と言われて、「ではブリオッシュを食べ
ればよい」と答えたという、ある姫君の苦し紛れの返事を思いだした。私もブリオッシュ
を買ったのである。

　argent（お金）は不可算ですが、euro（ユーロ）や dollar（ドル）、livre
（ポンド）のような貨幣単位を持ち込むと、お金は数えられるようになり
ます。貨幣単位は、1 を超える数に対しては複数形になります。

5）〔店員が客に〕On ne prend pas de chèque à moins de *quinze euros*.

15 ユーロ以下では小切手はお使いいただけません。

　ところで、単位を表す表現は、抽象名詞にも比喩的に用いることができます。例 6) の une bonne dose de courage、例 7) の une tonne de patience / une sacrée dose de précision がその例です。

6）À supposer que je puisse être bien heureuse au milieu de tant de désolations et d'inquiétudes, il me faudrait encore vous savoir heureux pour l'être entièrement. Mais nous vivons dans un temps où l'on ne peut se souhaiter les uns aux autres qu'*une bonne dose de courage* pour affronter l'inconnu et traverser le doute.

〔George Sand, *Correspondance, 4 janvier 1852*〕

これほど多くの悲しみと悩みの渦中にいる私が完全に幸せになれるとすれば、それにはあなた方が幸せであるとわかる必要があります。しかし私たちは、未知のものに立ち向かい疑いを乗り越えるために、相当の勇気を持つことをお互いに祈りあうしかないような時代に生きています。

7）Il a construit le pont de Londres en allumettes〔...〕Il lui a fallu 5000 bâtons d'allumette, *une tonne de patience, une sacrée dose de précision*. 〔*Ouest-France*, 02/08/2013〕

彼はマッチでロンドン橋を作った〔…〕彼には 5000 本のマッチと、並々ならぬ忍耐力と恐ろしいほどの正確さが必要だった。

　何らかの単位を表す表現を導入することで不可算名詞を数えることができるのは、もうわかりましたね。しかし、単位を表す表現を用いなくても、不可算名詞が可算名詞として捉えられることがあります。例えば、抽象名詞が形容詞などの修飾語句をともなう場合です。例 8) から 11) では、修飾語句をともなわない抽象名詞 orgueil / amitié には部分冠詞が用いられ、形容詞をともなう同じ抽象名詞には不定冠詞が用いられています。

8）La conclusion que Julien tira dans le premier moment d'une scène si étonnante fut que Mathilde avait *un orgueil infini*.

〔Stendhal, *Le Rouge et le noir*〕

この驚くべき場面からジュリアンが最初に引きだした結論は、マチルドが計り知れない自尊心を持っている、ということだった。

9) **Vous savez bien que j'ai *de l'orgueil* ; c'est le malheur de ma position et même de mon caractère, je l'avouerai ;〔...〕** *(Ibid.)*

あなたもご存じのように、私は自尊心が強いのです。それは私の身分から来る不幸、いえ、自分で認めるけど、私の性格から来る不幸なのです。〔…〕

10) **Mais elle se regardait comme doublement mère, car elle avait pris pour le champi *une amitié très grande* et veillait sur lui presque autant que sur son propre fils.** (George Sand, *François le Champi*)

しかし彼女（マドレーヌ）は自分が二人の子の母親のように思っていた。というのも、彼女は捨て子に対して深い友情（好意）を感じていて、自分自身の息子と同じくらい目をかけていたからだ。

11) **Elle avait été, pour lui, ni plus ni moins qu'une bonne mère, et un champi qui rencontre *de l'amitié* est meilleur qu'un autre enfant, de même qu'il est pire quand il se voit molesté et avili.** *(Ibid.)*

彼にとって、彼女は優しい母親も同然だった。自分に親切にしてくれる人に出会った捨て子は他の子供より良い子になるし、いじめられたり貶されたりした捨て子は悪い子になるものです。

　本来、orgueil（自尊心、誇り）や amitié（友情、好意、親切）といった抽象名詞は不可算のものです。しかし、orgueil に infini（無限の）などの形容詞がつくと、無限の orgueil とそうでない orgueil などさまざまなタイプの orgueil の存在が想定され、orgueil は不均質で不揃いのものとして捉えられます。つまり可算名詞として捉えられるのです。そして、さまざまな orgueil の集合から orgueil infini（無限の自尊心）を取り出すので、不定冠詞が用いられます。amitié についても同じです。

　このように、不可算名詞は連続的で均質的なものですが、形容詞などの修飾語句がつくと不連続的・不均質的で不揃いなものになって可算名詞として捉えられ、不定の文脈であれば不定冠詞をともなうようになります。

　19 課と 20 課では、指示対象が非有界的で連続的・均質的と捉えられる
ものが不可算名詞になり、有界的で不連続的・不均質的または不揃いと捉
えられるものが可算名詞になることを学びました。ところで、英和辞典で
何か名詞をひくと、それが可算名詞か不可算名詞かが示されていることが
多いのですが、仏和辞典では名詞について可算・不可算の区別を明示して
いないことがほとんどです。実はフランス語では、可算名詞が不可算的に
使われたり逆に不可算名詞が可算的に使われることがとても多いのです。

　まず、もともと可算名詞であるものが不可算的に用いられる場合につい
て考えます。例えば、動物を表す可算名詞に部分冠詞をつけて不可算的
に捉えると、その動物の肉を表します。un mouton は「羊」、un bœuf は
「牛」ですが、部分冠詞をつけた du mouton は「羊の肉」、du bœuf は「牛
肉」を表します。また、une chèvre は「山羊」ですが、fromage にならっ
て男性名詞になる du chèvre は「山羊のチーズ」のことです。

1）Dessine-moi *un mouton*...　　　　　　　　　（Saint-Exupéry, *Le Petit Prince*）

　　僕のために羊を描いてよ …。

**2）［Warwick, 15 août 1834］Ne t'inquiète pas de moi. Jamais je ne me
　　suis mieux porté. Jamais je n'ai eu plus d'activité et de force. Le
　　régime anglais est excellent. Tous les jours *du bœuf* ou *du mouton
　　rôti*, tous les jours *du saumon*.**　　　　（Jules Michelet, *Journal – Tome I*）

　　私のことは心配しないでくれ。これほど体調が良く、これほど活力と体力に恵まれたこ
　　とは今までなかったくらいだ。イギリスの食事は素晴らしい。毎日、牛肉かローストさ
　　れた羊の肉、サーモンを食べている。

　また、もともと可算的な対象である個体を不可算名詞として扱うこと
で、その個体を用いた活動やその個体に関係する行為・能力などを表す

ことができます。例えば、un vélo は「自転車」、un cheval は「馬」、un violon は「バイオリン」、une prison は「刑務所」ですが、faire du vélo は「サイクリングをする」、faire du cheval は「乗馬をする」、faire du violon は「バイオリンを弾く」（faire des violons なら「バイオリンを製作する」の意味です）、faire de la prison は「服役する」の意味になります。le soleil は「太陽」、la lune は「月」ですが、部分冠詞をつけた du soleil は「日光」を、de la lune は「月の光」を表します。ただし、de la lune の例はまれなようです。また、oreille(s) は「耳」、tête は「頭・顔・表情」などを表しますが、avoir de l'oreille は「音感がいい」、avoir de la tête は「頭がいい・決断力がある・冷静である」などの意味になります。

3）**– Vous avez distingué son visage ?**

　　– Le réverbère n'est pas loin et il y avait *de la lune*.

　　　　　　　　　　　　　　　　　　　　（Simenon, *Une Confidence de Maigret*）

　[刑事]「顔を見て彼だとわかりましたか？」

　[容疑者宅の向かいに住む男]「街灯は遠くないし、月明かりが照らしていたからな」

4）**Huit jours après ma naissance, comme je semblais m'égayer au tintement d'une cuiller, il avait décrété que j'avais *de l'oreille*.**

　　　　　　　　　　　　　　　　　　　　（Jean-Paul Sartre, *Les Mots*）

　生後 8 日目、スプーンのカチャンカチャンという音に喜んでいるらしい私を見て、祖父は「この子は音感が良い」と決めつけてしまった。

　次に、もともと不可算である名詞が可算的に用いられる場合を見てみましょう。例えば、不可算の du verre は「ガラス」、du fer は「鉄」を表しますが、un verre は「グラス、コップ」、un fer は「蹄鉄」や「アイロン」などを意味します。また、不可算の du cuivre は「銅」を意味しますが、可算化された複数形の les cuivres は「銅製・真鍮製の台所用品」や「金管楽器」などを表します。つまり、材質を表す不可算名詞を可算的に用いると、その材料で作られた製品を表すようになるのです。

5）**– Attends, François, il faut t'arrêter, mon ami François : la jument**

vient de perdre *un fer*. 〔George Sand, *François le Champi*〕

待って、フランソワ、止まらなきゃだめよ。馬が蹄鉄をひとつ落としちゃったわ。

　また、もともと不可算である抽象名詞が可算的に用いられると、具体的な物・人・行為などを表すようになります。例えば、次の例6）・7）が示すように、可算的に用いられた beauté（美しさ）は「美人」を、hauteur（高さ）は「高台」を表します（hauteur は複数形でも用いられます）。

6）**– Avouez, Henry, que Margaret est la plus belle personne des trois royaumes.**

　　– Oui, la théorie à la main, c'est *une beauté* sans défaut. Eh bien ! c'est celui que je lui reproche, moi. 〔George Sand, *Lavinia*〕

「マーガレットが世界で最も美しい人だと認めろよ、ヘンリー」

「そうだな、理論的に言って、まったく欠点のない美人だよ。そして、僕が彼女について不満なのは、まさにそこなんだな」

7）**J'approche d'une petite ville, et je suis déjà sur *une hauteur* d'où je la découvre.** 〔La Bruyère, *Les Caractères*〕

小さな町に近づいたかと思うと、もう町が見晴らせる高台に来ている。

　とりわけ抽象名詞が複数形で用いられると、具体的な行為や事柄、具体的な実体を表すようになります。複数形になるということは可算化されるということです。例えば、hostilité（敵意、反感）は複数形の hostilités になると「敵対行為、戦闘行動」を表し、politesse（礼儀正しさ）の複数形 politesses は「礼儀を表す行為、挨拶」を表し、extravagance（常軌を逸していること）の複数形 extravagances は「常軌を逸した言動、戯言」を表し、douceur（甘さ）の複数形 douceurs は「お菓子」を表します。

8）**À la maison, *les hostilités* reprirent de plus belle. Ma mère supportait mal l'éventualité de mon futur mariage, même lointain.**

〔Anne Wiazemsky, *Une année studieuse*〕

家では、とげとげしい言葉が容赦なく再び始まった。母は、遠い未来のことであっても、私が結婚するかもしれないことに耐えられなかった。

9）**Le soir, ils s'asseyaient tous deux au coin du feu, et elle lui préparait *des douceurs*.**　（Maupassant, *Contes et nouvelles*）

> 夜になると二人は暖炉のそばに座り、彼女は子供に甘いものを作ってやるのだった。

　このように、用いられる冠詞によって可算名詞が不可算化したり逆に不可算名詞が可算化したりすることは、一つの名詞が重層的に複数の意味を持つということです。フランス語の名詞の興味深い性質の一つですね。

　最後に、不定の対象については、可算名詞であれば不定冠詞が、不可算名詞であれば部分冠詞が用いられますが、定の対象になると、可算名詞でも不可算名詞でも定冠詞が用いられることを確認しておきます。

10）**Le vent était mou, les étoiles brillaient, l'énorme charretée de foin oscillait devant eux ; et les quatre chevaux, en traînant leurs pas, soulevaient *de la poussière*.**　（Flaubert, *Trois contes*）

> 風はやわらかく、星は輝き、荷車に積まれた干し草の山は二人の前で揺れていた。四頭の馬は足を引きずり、土埃を舞いあげていた。

11）***Tenant devant lui une énorme salade* : Y a pas que toi qui en fais de belles, regarde. Ça vient du jardin d'en bas, je les arrose tous les soirs. Tu la laveras pour enlever *la poussière*.**

　（Henri Cueco, *Dialogue avec mon jardinier*）

> ［大きなサラダ菜を画家に差しだしながら庭師が］「見事なものを作ってるのは君だけじゃないぜ。見ろよ。下の庭でとったものだよ。俺は毎晩、水をやってる。（食べる前に）洗って土埃を取るんだよ」

　非有界的な存在である poussière（ほこり）は基本的に不可算名詞で、不定の対象として物語に導入されている例 10）では部分冠詞がついていますが、例 11）では、発話の場に存在するサラダ菜についた poussière は話し手と聞き手が共通の認識を持つ定の対象であるため、定冠詞が用いられています。定の対象になると可算・不可算にかかわらず定冠詞が用いられるのは、話し手と聞き手にとって存在前提のある指示対象はすでに数・量の確定した存在であり、「当該の状況におけるすべて」となるからです。

22課 **不定冠詞の単数と複数**　犬と猫と魚と子供

　フランス語には、単数形と複数形で意味の異なる名詞がいくつかあります。例えば、単数形の un devoir は「義務」を表しますが、複数形の des devoirs には「義務」のほか、「宿題、敬意」の意味もあります。また、単数形の un travail は「仕事」を、複数形の des travaux は「工事、研究」などを表します。日常生活では主に複数形で用いられる des lunettes（眼鏡）や des ciseaux（ハサミ）も、単数形の une lunette には「望遠鏡」、un ciseau には「鑿（のみ）」の意味があります。では、単数形と複数形でそのような意味の違いのない名詞 X について、「あなたは（彼は／彼女は）X を持っていますか?」と尋ねるとき、名詞 X は単数形と複数形のどちらにするのでしょうか。次の例 1) a と 1) b は、いずれもシムノンの『メグレの打ち明け話』の中でメグレが容疑者の男性を尋問する場面での発話です。

　1）a. [容疑者の男性に] − **Vous avez _une maîtresse_ ?**

　　　「愛人はいますか」

　　b. [殺された容疑者の妻について] − **Elle avait _des amants_ ?**

　　　「彼女には愛人がいましたか」

　なぜメグレは 1) a では単数形の une maîtresse を用い、1) b では複数形の des amants を用いたのでしょうか。これがこの課のテーマです。

　煙草を吸おうと 1 本取り出したものの、マッチ（allumette）もライター（briquet）も持っていないことに気がついて、そばにいた人に火（feu）を借りようとするとき、何と言うでしょうか。

　2）a. **Vous avez _du feu_ ?**

　　b. **Vous avez { _?une allumette_ / _des allumettes_ } ?**

　　c. **Vous avez { _un briquet_ / _?des briquets_ } ?**

　この状況でもっとも一般的なのは 2) a の du feu を用いた文ですが（feu

は不可算なので部分冠詞が用いられます）、マッチかライターを借りるとき
に名詞が単数になるか複数になるかが問題です。マッチの場合、2) b のよ
うに複数の des allumettes となり、ライターの場合、2) c のように単数の un
briquet となります（例文中の？の印はこの文脈ではおかしい表現であるこ
とを意味します）。マッチは箱に入った複数本のマッチを持っているのが一
般的ですが、ライターは一つだけ持ち歩くほうがふつうだからです。文房具
類を誰かから借りようと尋ねる場合の名詞句の単数・複数の選択も、同じ
ような基準で判断することができます。一つだけ持っていることの多いホッ
チキス（agrafeuse）は単数で尋ねますが、ホッチキスの針（agrafe）や画鋲
（punaise）、書類をとめるクリップ（trombone）などはふつう複数で持って
いるので多くの場合、複数で尋ねます。ボールペン（stylo）と鉛筆（crayon）
については、1 本だけ持っている人も複数本をポケットや筆箱に入れて持っ
ている人もいますが、借りるのはふつう 1 本だけなので単数で尋ねます。

3）a. Tu as { *une agrafeuse / un stylo / un crayon* } ?

b. Tu as { *des agrafes / des punaises / des trombones* } ?

いっぽう、クロワッサン（croissant）を買おうとパン屋に入ったところ
陳列ケースにクロワッサンが見当たらず、店員に「クロワッサン、ありま
すか？」と聞くとき、あなたが買いたいのがクロワッサン一つであっても、
« Vous avez des croissants ? » のように croissant は複数形になります。パン
屋は商品としていくつもクロワッサンを用意しているのがふつうだからです。

このように、ある名詞について単数・複数のいずれにしてその有無を尋
ねるのかという問題は、その指示対象がどのように存在するのか、そして
人が一般に（あるいは話者個人がその状況において）指示対象をどのよう
に捉えるのかという認識の問題と密接に結びついています。

興味深いのは、ペットや子供について尋ねる場合です。犬（chien）や
猫（chat）を飼っているのか聞くときは単数形で尋ねるのが自然ですが、
熱帯魚などの観賞用の魚（poisson）を飼っているのか聞くときは複数形
で尋ねます。犬や猫は（多頭飼いする人も確かにいますが）一匹だけで飼

う人の多い愛玩動物であるのに対し、観賞魚は一般家庭で飼育する場合でもアクアリウムに複数匹を飼うことが多いからです。人間の子供については、現代では一人っ子の家庭も増えてきていますが、子供がたくさんいる大家族がフランスの伝統であることから、中立的な文脈で「子供はいますか」と尋ねるときには、des enfants のように複数形にするのがふつうです。

4) a. **Vous avez { *un chien* / *un chat* / *des poissons* } ?**

b. **Vous avez { ?*un enfant* / *des enfants* } ?**

しかし、特殊な文脈、例えば例5)のように子供が一人でもいるのかどうかを疑問にする場合には単数の un enfant も用いられます。例5)はドストエフスキーの小説『悪霊』をカミュが戯曲化したものからの引用です。

5) **Chatov : Il est donc vrai que vous l'avez épousée ?**

Stavroguine : Il y a quatre ans de cela. À Pétersbourg. 〔...〕

Chatov : Avez-vous *un enfant* d'elle ?

Stavroguine : Elle n'a jamais eu d'*enfant* et ne pouvait en avoir.

(Albert Camus, *Les Possédés*, adapté du roman de Dostoïevski)

シャートフ「では、あなたが彼女と結婚したというのは本当なんですね？」

スタヴローギン「4年前に、ペテルブルグでね」〔…〕

シャートフ「彼女とのあいだに、子供は？」

スタヴローギン「彼女は子供を持ったことがないし、そもそもそんなことは不可能ですよ」

ここで、最初の例1)a と b の問題に戻りましょう。メグレが容疑者に対して単数の une maîtresse を用いたのは、容疑者に現在、愛人が一人いるかどうかを問題にしているからです。いっぽう、殺された女性（容疑者の妻）について複数の des amants を用いたのは、数年の結婚生活のあいだに女性に複数の愛人がいた可能性を念頭に置いているからです。

« Je n'ai pas de X. »（私は X を持っていません）のような否定文において否定される直接目的語の名詞 X が単数になるのか複数になるのかについても、上の考え方の延長線上に捉えることができます。つまり、肯定文で単数で尋ねる名詞については否定にしても単数で、複数で尋ねる名詞

については否定にしても複数で答えます。例えば、犬や猫を飼っていないと否定するときや否定疑問文で尋ねるときには chien と chat は単数形になりますが、常に複数形で用いられる des papiers（身分証明書）や des nouvelles（消息、便り）などは否定されてもやはり複数形のままです。

6）**Vous n'avez pas de *chien* ? Pas de *chat* non plus ?**

犬は飼ってないんですか？ 猫も？

7）**La victime n'a pas de *papiers* sur elle.**

被害者は身分証明書を身につけていない。

8）**Je n'ai pas de *nouvelles* de mon fils depuis un an déjà.**

もう 1 年も息子から便りがない。

「子供がいない」と言うときには、中立的な文脈では « Je n'ai pas d'enfants.» のように enfants は複数形になりますが、「一人いるかどうか」を否定する場合には、例 5）のように enfant は単数形になります。

例 9）で clou（釘）が複数で、marteau（金槌）が単数で用いられているのは、馬に蹄鉄を履かせるのには複数の釘が必要であるのに対し、金槌は 1 本でこと足りるからです。必要とされる釘が 1 本だけという例 10）のような状況であれば、ni clou, ni marteau と釘も金槌も単数になります。

9）**– Attends, François, il faut t'arrêter, mon ami François : la jument vient de perdre un fer.**

– Quand même elle serait déferrée, dit François, je n'ai là ni *clous* ni *marteau* pour la rechausser.　　　(George Sand, *François le Champi*)

「待って、フランソワ、止まらなきゃだめよ。馬が蹄鉄をひとつ落としちゃったわ」

「蹄鉄を落としたって言っても、僕は今、それを履かせるのに必要な釘も金槌も持ってませんよ」とフランソワは言った。

10）[医者が] – 〔…〕**Plantez *un clou* à la tête du divan.** 〔...〕**Il n'y avait dans l'appartement ni *clou*, ni *marteau*.**　　　(Robert Desnos, *Le Vin est tiré...*)

「〔…〕（壁の）ソファーの高さのところに釘を打って下さい」〔…〕アパートには釘も金槌もなかった。

　23課と24課では、否定文の直接目的語につく冠詞について考えます。

　初級文法では、「直接目的語につく不定冠詞 un/une/des と部分冠詞 du/de la は否定文では de になる」と教えています。直接目的語につく定冠詞や所有形容詞は否定文でも de にはなりません。例 1）a から d を見て下さい。

1）a. – Vous avez *une voiture* ?　　– Non, je n'ai pas *de voiture.*

　　　「車はお持ちですか」「いいえ、持っていません」

　　b. Il n'y a plus *de champagne,* mais il y a encore *du vin.*

　　　シャンパンはもうないが、ワインはまだある。

　　c. Je n'aime pas trop *les chiens,* mais j'adore *les chats.*

　　　犬はあまり好きではないが、猫は大好きだ。

　　d. – Tu as *ton passeport* ?

　　　– Non, je n'ai pas *mon passeport* sur moi. Mais j'ai ma carte
　　　d'identité.

　　　「パスポートは持ってる？」

　　　「いや、今ここには持ってないよ。でも、身分証明書を持ってる」

　1）a では、肯定の質問文では不定冠詞 une が、その質問に否定で答えるときの冠詞には de が用いられています。1）b では、「ワインはある」という肯定文では部分冠詞 du が、「シャンパンはもうない」という否定文では de が使われています。いっぽう、1）c では肯定文でも否定文でも定冠詞 les が用いられ、1）d でも肯定文・否定文いずれの場合も所有形容詞 ton / mon が用いられています。これはなぜでしょうか。

　不定冠詞つきの un/une/des X は一つの（またはいくつかの）X が存在することを表し、部分冠詞つきの du/de la Y はいくらかの Y が存在する

ことを表します。しかし、それを直接目的語とした否定文では、その名詞句 X / Y の指示対象の存在が否定されるため、存在を前提とする不定冠詞・部分冠詞を使うのが不自然になります。1) a および 1) b で、肯定文では不定冠詞・部分冠詞が用いられ、否定文では de が用いられるのはそういうことです。ちなみに主語が非人称の il、動詞が avoir である非人称構文 « il y a + 名詞 X » では、名詞 X は統語的に直接目的語とみなされますが、「X がある／いる」ことを表すこの非人称構文では否定文になると X の存在が否定されるのですから、否定文で X につく冠詞が de になるのは意味的にも理にかなったことなのです。

　直接目的語につく定冠詞や所有形容詞が否定文でも de にならないのは、目的語名詞の指示対象の存在が否定されないからです。例えば 1) c で、「犬はあまり好きではない」と言っても、一般的な概念としての「犬」の存在は否定されていません。1) d でも、「パスポートを今ここに持っていない」と言っても、話し手が他の場所で保管しているパスポートは確かに存在するわけです。ただし、初めての海外旅行を計画しているという若者に「パスポートはもう持っているの」と聞くときには、2) のように所有形容詞つきの ton passeport も不定冠詞つきの un passeport も使えますし、彼が「いえ、まだ持ってません」と答えるときは、彼のパスポートの存在は完全に否定されますから、2) のように de passeport が用いられます。

2）– Tu as { *ton passeport* / *un passeport* } ?

　　– Non, je n'ai pas *de passeport*.

　他動詞の直接目的語ではなく、être の属詞の名詞句が否定される場合には、不定冠詞も部分冠詞もそのままです。例えば、« Ce n'est pas un X / du X » と言うとき、それは属詞名詞 X の存在を否定しているのではなく、主語の指示対象が X のカテゴリーに分類されないことを述べているからです。例 3) では不定冠詞つきの属詞名詞句が否定され、4) では部分冠詞つきの属詞名詞句が否定されていますが、冠詞はそのままです。

3）– Sincèrement, dites-moi votre pensée, avez-vous la certitude qu'il

s'agit de la peste ?

– Vous posez mal le problème. Ce n'est pas *une question de*
vocabulaire, c'est une question de temps.　　(Albert Camus, *La Peste*)

「率直にあなたの考えを言って下さい。あなたは、これがペストだという確信があります
か？」

「問題の設定が間違っていますよ。これは用語の問題じゃないんです。時間の問題です」

4）［**4 mars 1899**］**Ce qu'on ressent pour certaines femmes, ce n'est pas**
***de l'amour, ce n'est pas de l'amitié* non plus : c'est de la tendresse.**

(Jules Renard, *Journal*)

一部の女性に対して感じるのは、愛でも友情でもなく、思いやりである。

　否定の ne ... pas の後の不定の直接目的語につく冠詞は de になりますが、
制限を表す ne ... que の後の不定の直接目的語につく冠詞は不定冠詞・部
分冠詞のままです。« ne ... que X » は「X しか…ない」の意味であり、直
接目的語名詞 X の存在は否定されていないからです。

5）〔**...**〕**De même sans cesse et partout, dans la nature, la solution ne**
se sépare pas du problème. Ou mieux : il n'y a pas *de problème* ;
il n'y a que *des solutions*. L'esprit de l'homme invente ensuite le
problème. Il voit des problèmes partout.　　(André Gide, *Journal*)

〔…〕同様に、自然においては、絶えず至るところで、解決策は問題と切り離すことがで
きない。それどころか次のようにも言える。問題というものはなく、ただ解決策だけが
あるのだ、と。人間の知性が後から問題を思いつくのだ。人間はあらゆるところに問題
を見いだす。

　以上のように、直接目的語につく不定冠詞 un/une/des と部分冠詞 du/
de la は否定文では原則的に de になりますが、de にならないこともありま
す。これには大きく分けて四つのケースがあるようです。この課では第 1
のケースについて学び、次の 24 課で残り三つのケースについて学びます。

　第 1 のケースは「冠詞ではなく数詞の un が否定されている場合」で
す（ここでは、数詞は冠詞に準ずるものとして扱っておきます）。例えば、

« Il n'y a pas un chat. » は文字通りには「猫一匹すらいない」の意味ですが、フランス語では慣用句になっており「人っ子ひとりいない」の意味で用いられます。この un chat の un は数詞の un（ひとつ）なのです。

6） ［壁についた血の手形はスタンガースン嬢のものではないのかと聞かれて］

– Il n'y avait pas *une goutte de sang* aux mains de Mlle Stangerson quand on l'a relevée, répondit M. Darzac.

（Gaston Leroux, *Le Mystère de la chambre jaune*）

「スタンガースン嬢を助け起こしたとき、彼女の手には一滴の血もついてなかったんです」
とダルザック氏は答えた。

7） ［あなたも道中で惨状を見たでしょうと言われ］**– Je n'ai rien vu, moi !**

– Comment ? Pas *un bombardement* ? dit la patronne surprise.

– Mais non, madame.

– Pas *un incendie* ?

– Pas même *un accident de voiture.* （Irène Némirovsky, *Suite française*）

「私は何も見ていませんよ！」

「何ですって？ 爆撃を一つも見なかったと？」と宿屋の女将は驚いて言った。

「ええ」「火事も一つも？」「交通事故すら一つも見ていませんよ」

　例 6）の pas une goutte de sang や 7）の pas un bombardement や pas un incendie などが示すように、数詞の un が否定された « ne ... pas un X » は「一つの X すら…ない」を意味することがほとんどです。しかし、次の例 8）のように、「一つの X ではなく二つ（または二つ以上）の X / Y」を意味することもあります。例 8）のような場合でも、例 6）や 7）と同じく、冠詞の un ではなく数詞の un が否定されていると考えてよいでしょう。

8） **Quand on sonna à la porte, il n'y avait pas *un homme*, mais deux, sur le palier, qui ne se connaissaient pas et qui se regardaient avec étonnement.** （Simenon, *Un Noël de Maigret*）

玄関のベルが鳴ったとき、踊り場にいたのは一人ではなく二人の男だった。彼らは知り合いではなかったので、びっくりしてお互いを見ていた。

24課 否定文の直接目的語につく冠詞（2）

　23課では、直接目的語につく不定冠詞 un/une/des と部分冠詞 du/de la が否定文では原則的に de になる理由について学び、さらに否定文でも直接目的語の名詞につくこれらの冠詞が de にならない四つのケースのうちの一つである「冠詞ではなく数詞の un が否定されている場合」について検討しました。この課では、残りの三つのケースについて考えます。

　否定文でも不定の直接目的語名詞につく冠詞が de にならない第 2 のケースは、「相手（もしくは自分）の使った不定の名詞句を再びそのまま取り上げて否定する場合」です。

1）– Ah, vous travaillez dans un cirque ? Vous faites *du trapèze* ?
　　– Non, je ne fais pas *de trapèze*. Je suis le régisseur.

　　「ああ、あなたはサーカスで働いているんですか。空中ブランコをしますか？」
　　「いや、空中ブランコはしませんよ。私は演出家なんです」

2）[ネクタイを使って自殺しようとしていたダニエルに神父が] « **Quelle drôle d'idée, mon cher Daniel, de faire *du trapèze* à cette heure !** » 〔...〕 « **Je ne fais pas *du trapèze*, monsieur l'abbé, je veux mourir.** 〔...〕 »

（Alphonse Daudet, *Le Petit Chose*）

　　「ダニエル、こんな時間にぶらんこするなんて変な思いつきだな！」〔…〕「ぶらんこするんじゃないんです、神父さん、僕、死にたいんです〔…〕」

faire du trapèze が否定されると、例 1）のように ne pas faire de trapèze のように冠詞が de になるのがふつうですが、例 2）で ne pas faire du trapèze が用いられているのは、相手の言った du trapèze をそのまま取り上げて否定しているからです。同じ言葉をそのまま取り上げるこのような否定は、言語学では**メタ言語的否定**といいます。次の例 3）でも、相手の言った un drame をそのまま受け直して否定しています。

3）– Mais, Simon, tu fais *un drame* de rien...

– Je ne fais pas *un drame*, je veux au contraire éviter que tu en fasses.　　　　　　　　　　　　　　　（Françoise Sagan, *Aimez-vous Brahms...*）

「シモン、こんな何でもないことを大げさに考えないで…」

「僕は大げさに考えてなんかいないよ。それより、君が大ごとにするのが僕は嫌なんだ」

　第 3 のケースは「指示対象の存在が期待される場合」で、疑問文または間接疑問文で現れます。

4）– Je ne crains rien des tigres, mais j'ai horreur des courants d'air. Vous n'auriez pas *un paravent* ?　　　　　（Saint-Exupéry, *Le Petit Prince*）

［花が王子さまに］「わたし、虎なんてちっとも恐くないけど、風が吹き込んでくるのは大嫌いなの。あなた、ついたてをお持ちじゃない?」

5）– Il n'y a pas *un médecin* ici ? 〔...〕C'est ma femme qui va accoucher dans la charrette...　　　　　　　　　（Saint-Exupéry, *Pilote de guerre*）

「このあたりにお医者さんはいませんか? 〔…〕妻が荷馬車で産気づいたんです…」

　例 4）では「ついたてを用意してもらえるのではないか」、例 5）では「医者がいるのではないか」という指示対象の存在に対する期待があります。次の例 6）では、「ホテルに泊まっている男に、パリからの電話または電報があったのではないか」とメグレが電話または電報の存在を想定しているため、否定文の直接目的語でも不定冠詞が用いられています。

6）［メグレが部下の刑事に］– 〔...〕Appelle Bergerac. À l'Hôtel de Bordeaux, il y a un voyageur de commerce nommé Jean Martin. 〔...〕Je voudrais savoir si, dans la journée d'hier ou dans la nuit, il n'a pas reçu *un appel de Paris*, ou *un télégramme*.

（Simenon, *Un Noël de Maigret*）

「〔…〕ベルジュラックに電話してくれ。ホテル・ド・ボルドーに、ジャン・マルタンという名前のセールスマンが泊まっている。〔…〕昨日の昼間か夜、彼にパリからの電話か電報がなかったか知りたい」

　この第 3 のケースは、次の例 7）のように修辞的疑問文（反語）として

現れることもあります。例7）では、語り手は「アンヌには私たちに対する義務がある」と思っているのです。

7）〔...〕; pourquoi Anne nous abandonnait-elle ainsi, nous faisait-elle souffrir pour une incartade, en somme ? N'avait-elle pas *des devoirs* envers nous ?　　　　　　（Françoise Sagan, *Bonjour tristesse*）

〔…〕どうしてアンヌはこんなふうに私たちを捨てるのだろう。結局はささいな過ちでしかないことで、なぜ私たちを苦しめるのだろう。彼女には、私たちに対する義務があるんじゃないかしら。

第4のケースは「指示対象の存在は否定されていない場合」です。

8）a. Je n'ai pas *de parents*. Je suis orphelin.

僕には親がいません。みなしごなんです。

b. Je n'ai pas *des parents compréhensifs et généreux*.

私の親は、寛大で物わかりのよい親じゃないんです。

「親」の存在が完全に否定される 8）a では de parents が用いられますが、「親」の存在そのものが否定されていない 8）b では des parents が用いられます。8）b で否定されているのは、parents を修飾する形容詞 compréhensifs（物わかりのよい）と généreux（寛大な）なのです。

9）〔...〕 vous me connaissez ; je ne suis pas un hypocrite, ou du moins je ne fais pas *de l'hypocrisie sans raison*. Si mon front est sévère, c'est que bien des malheurs l'ont assombri ; si mon cœur s'est pétrifié, c'est afin de pouvoir supporter les chocs qu'il a reçus.

（Alexandre Dumas, *Le Comte de Monte-Cristo*）

あなたは私のことをよくご存知でしょう。私は偽善者ではない。少なくとも、理由なく偽善を行うことはない。私の額が厳しいのは、多くの不幸によって曇らされたからです。私の心が石のようになったのは、心が受けた打撃を耐え忍ばねばならなかったからです。

例9）で部分冠詞つきの de l'hypocrisie が用いられているのは、「偽善を行う」ことそのものは否定されていないからです。9）では否定は sans raison（理由なく）にかかっています。この第4のケースではしばしば、

否定は直接目的語の名詞そのものではなく、直接目的語の修飾語句や副詞、または動詞にかかります。否定が直接目的語の名詞にかからなければ、その名詞句の指示対象は存在するのです。

10）**Prise d'otage à Cologne : la police n'exclut pas *un attentat***

　　　　　　　　　　　　　　　　　　　　　　　（*Le Monde*, 15/10/2018）

　ケルンで人質事件：警察はテロの可能性を排除していない

11）［ゴダールとアンヌの二人が］**On n'évoquait plus *un avenir commun* mais des problèmes liés à son film.**　　（Anne Wiazemsky, *Une année studieuse*）

　　もはや二人の共通の将来について話すことはなくなり、彼の映画にまつわる問題のことばかり話していた。

12）［クリスマスの朝、人が訪ねてきたのに部屋着のままでいるメグレ警視に夫人が］

　　　–〔...〕Tu ne passes pas *un costume* ?　　（Simenon, *Un Noël de Maigret*）

　　「〔…〕あなた、スーツは着ないの？」

　例 10）・11）・12）では、否定されているのは動詞の exclure（排除する）、évoquer（言及する）、passer（着る）であり、直接目的語の attentat（テロ）や avenir commun（二人の将来）、costume（スーツ）それぞれの指示対象の存在は否定されていません。指示対象が存在すれば、否定文の直接目的語であっても不定冠詞・部分冠詞はそのままです。

13）**–〔...〕Puis-je vous demander un verre d'eau ?**

　　　– Vous ne préféreriez pas *du vin rouge* ?

　　　　　　　　　　　　　　（Simenon, *Maigret et la Grande Perche*）

　　「〔…〕水を一杯お願いしてもいいですか」

　　「赤ワインのほうがいいんじゃないですか」

　動詞 aimer や préférer を用いて好みを言う場合、直接目的語の名詞にはふつう定冠詞がつきます。しかし例 13）では、その場に実際に存在する飲み物として赤ワインに言及しているので、部分冠詞が用いられています。

　第 3 と第 4 のケースに共通する「指示対象の存在が否定されていないこと」が否定文でも不定冠詞・部分冠詞が用いられる鍵と言えるでしょう。

　すでに述べたように、冠詞を適切に選択する鍵は、まず指示対象が定か不定かを見分けることです。話題になっている対象が何のことであるかについて話し手と聞き手に共通の認識があるものが定の指示対象、共通の認識がないもの、聞き手にどれのことかわからないものが不定の指示対象です。そして定の指示対象には定冠詞が、不定の指示対象には不定冠詞または部分冠詞が選択されることを第2章・第3章の旅を通して学んできました。しかし、どの指示対象のことか話し手にも聞き手にも明らかなのに定冠詞ではなく不定冠詞が用いられることがあります。次の例は、自分の父親がエルザ（赤毛の女性）を捨ててアンヌを新しい恋人にしようとしていることに気がついたセシルが父親とアンヌに怒りをぶつける場面です。

1) ［楽しんだらエルザと一緒に帰って来なさいとアンヌに言われたセシルが］

　« Quand on se sera assez amusées ! Mais vous ne vous rendez pas compte ! C'est dégoûtant !

　– Qu'est-ce qui est dégoûtant ? dit mon père avec étonnement.

　– Tu amènes *une fille rousse* à la mer sous un soleil qu'elle ne supporte pas et quand elle est toute pelée, tu l'abandonnes. C'est trop facile ! Qu'est-ce que je vais lui dire à Elsa, moi ? »

（Françoise Sagan, *Bonjour tristesse*）

「じゅうぶん楽しんだら、ですって？ あきれるわ！なんてひどい！」

「ひどいって、何が？」と父は驚いて言った。

「赤毛の女の子を、苦手な太陽の照りつける海に連れてきて、皮がすっかりむけちゃったら捨ててしまうのね。そんなの勝手すぎるわ！ 私はエルザに何て言ったらいいの？」

　例1) では、セシルがエルザについて話しているのは父親にもアンヌにも明らかなのに、なぜ彼女は不定冠詞を用いて une fille rousse（赤毛の女

の子）と言ったのでしょうか。次の例 2) は、何か隠しているのではないかとメグレ警視が疑っている女性（マルタン夫人）に質問する場面です。

2) – La seconde fois, l'agent d'assurance est donc venu vous voir après sept heures et demie du soir ?〔...〕Il s'est adressé à d'autres locataires de la maison ?

– Je n'en sais rien. Je suppose que vous allez vous renseigner. Parce qu'*une petite fille* a vu ou a cru voir le Père Noël, il y a une demi-heure que vous me questionnez comme si j'avais commis un crime. Si mon mari était ici...　　　　　　（Simenon, *Un Noël de Maigret*）

> 「では、保険の外交員が二度目にここに来たのは夜の 7 時半より後だったのですね？〔…〕外交員はこの建物の他の住人たちのところにも行ったのでしょうか？」
>
> 「そんなこと知りませんよ。どうせこれからお調べになるのでしょう。小さな女の子がサンタクロースを見たか、見たと思い込んでいるというだけで、まるで私が犯罪でも犯したかのように 30 分も私を尋問して。もし主人がここにいたら…」

例 2) で女性が une petite fille（小さな女の子）と言っているのは、彼女の姪のコレットのことです。コレットが夜中にサンタクロースを見たと主張したことで、メグレは背後に何か事件が隠れていることを直感します。コレットについて話しているのはメグレにも明らかなのですが、女性は不定の名詞句 une petite fille を用いています。次の例 3) は、自分が母親代わりになって育ててきた奉公人のフランソワを夫（キャデ・ブランシェ）の命令で追い出さなければならなかったマドレーヌが夫に言う言葉です。

3) – Cadet Blanchet, dit-elle, j'ai obéi à votre volonté : j'ai renvoyé *un bon sujet* sans motif, et à regret je ne vous le cache pas. Je ne vous demande pas de m'en savoir gré ; mais, à mon tour, je vous donne un commandement : c'est de ne pas me faire d'affront parce que je n'en mérite pas.　　　　　　（George Sand, *François le Champi*）

> 「キャデ・ブランシェ、私はあなたの言いつけに従いました」と彼女は言った。「理由もなく素行の良い奉公人を追い出したんです。私が嫌だったことは隠しませんよ。私に感

謝してくれとは言わないけれど、私のほうからもあなたに注文を出します。私を侮辱するのはやめて下さい。そんなことをされる覚えはないんですから」

　マドレーヌの言う un bon sujet（素行の良い人）がフランソワのことであるのは、夫のキャデ・ブランシェにももちろんわかっています。

　指示対象が特定できる文脈で用いられるこのような不定冠詞つき名詞句は、ほとんどの場合、相手を諭したり非難したりする論戦的（polémique）な文脈で現れるようです。実は、例 1)・2)・3) それぞれの文脈で定冠詞を用いて la fille rousse / la petite fille / le bon sujet と言うのはかなり不自然です。定冠詞を用いれば、話し手と聞き手が特定できる一つの指示対象について話すだけです。しかし不定冠詞を用いて un X と言う場合、話し手は特定の指示対象について話すのではなく、X の集合から任意の X 一つを取り出してその状況に当てはめ、たとえ話として物語ることになります。文脈が提示するのは特定の指示対象についての個別のケースなのに、不定の名詞句を用いてそれを一般論のレベルに引きあげて話すことで、その状況が含意する重要性やその事態が引き起こす結果の深刻さを聞き手に強く認識させる効果が生じるのです。相手を責めることが発話の動機である文脈では、特定の指示対象のみに言及する定冠詞より、普遍的な事象のレベルで議論することによって事態の深刻さを強く意識させる不定冠詞のほうがずっと自然です。

　映画『ブローニュの森の貴婦人たち』は、自分のかつての恋人ジャンの心変わりに傷ついたエレーヌが、ジャンに復讐するために、彼がキャバレーの踊り子だったアニエスを好きになるよう仕組む映画です。

4) Madame D : 〔...〕J'aimerais entendre de votre bouche que vous la
　　　laissez libre...
　　Hélène : Libre ? ... Je vous laisse complètement libres. C'est vous
　　　qui n'êtes plus libres. Vous en êtes au mariage.
　　Agnès : Au mariage ?
　　Hélène : Ma chère Agnès, vous êtes drôle. Vous rendez *un homme*

fou. Que voulez-vous que j'y fasse ? Choisissez vous-même : ou vous marier, ou tout dire...

⟨*Les Dames du bois de Boulogne*, film de Robert Bresson⟩

マダム D「〔…〕アニエスを自由にすると、あなたからおっしゃって下さい」

エレーヌ「自由に、ですって？　私からは完全に自由よ。自由でなくなるのはあなたたちの勝手よ。もう結婚するところまで来ているのだから」

アニエス「結婚？」

エレーヌ「アニエス、あなたっておかしな人ね。あなたは一人の男性を狂わせたのよ。私にどうしろと言うの？　自分で選びなさい。結婚するか、彼にすべて話すか」

　例 4）では、エレーヌは不定冠詞つき名詞句 un homme（一人の男性）を用いることで、個別的な状況を一般的な事象のレベルに引きあげて議論し、事態の深刻さを相手に突きつけています。

　例 5）では、メグレはイブニング・ドレスを着て殺された若い女性がその殺された夜に何をしていたのかを知るために、不定の名詞句 une jeune fille を用いて、一般的な若い女性がどう行動するのかを考えています。

5）［メグレが夫人に］**– Je me demande quels sont les cas où *une jeune fille* éprouve un urgent besoin de porter une robe du soir.**

⟨Simenon, *Maigret et la jeune morte*⟩

「若い娘が急にイブニング・ドレスを着なければならないと思うのは、いったいどんな場合なんだろうね」

　例 1）から 4）とは異なり、例 5）は誰かを非難する文脈の発話ではありません。ここでは、特定の指示対象 X の個別的な状況が提示する謎を解明するために、不定の名詞句 un X を用いて普遍的な事象として任意の X について考えています。例 1）から 4）と例 5）の共通点は、不定の名詞句を用いた一般化を通して個別の事象を見ることです。この特徴は、第 4 章のテーマである総称名詞句のうちの不定冠詞単数 un X による総称にもつながっています。un X による総称も、具体的な発話状況で特定の X が話題になるときに現れます（*cf.* 29 課）。

傾国の美女

　2005年前後のことである。フランスの女性服ブランド KOOKAï（クーカイ）の広告に次のような文が踊っていた。« Je ne suis pas jolie, je suis pire. »「私は綺麗じゃない。もっとひどいのよ」　奇妙なうたい文句だと思っていると、ほどなくして同じブランドの別の宣伝文句に出会った。« J'ai trouvé un bon motif pour l'inviter à dîner. Je ne suis pas jolie, je suis pire. »「彼を夕食に誘うのに良い理由を見つけたわ。私は綺麗じゃない、もっとひどいのよ」…何かがおかしい。自分の解釈に疑問を抱いた私は、フランス人の友人にこの文の意味を尋ねてみた。すると、« Je ne suis pas jolie, je suis pire. » は「綺麗なんてものじゃない、私はすごい美人なのよ」の意味だと言う。だが、形容詞 pire は mauvais（悪い）の比較級で「より悪い」の意味なのに、なぜそういう解釈になるのだろうか。しばらく考えて、それは「美しさ」が危険なものであると一般に認識されているからであろうと思い当たった。joli（綺麗な）は危険だが、私は jolie どころでなくもっと危険、つまり最高に美しい、ということである。また、joli が比較級にできる形容詞であることも関係している。例えば、divin（崇高な）のような、すでに最上級の意味を表す形容詞であれば、« ˣJe ne suis pas divine, je suis pire. » とは言えないのである。ちなみにゴンクール兄弟の 1866年10月7日の日記によると、« Je ne suis pas jolie, je suis pire ! » は女優マリー・ドルヴァルの言葉であるらしい。

　美貌の女性が大きな影響力を持つことは、古今東西変わらぬことである。『漢書』に曰く、「北方に佳人有り、絶世にして獨立す。一顧すれば人の城を傾け、再顧すれば人の國を傾く」と。パスカルは言う、« Le nez de Cléopâtre, s'il eût été plus court, toute la face de la terre aurait changé. »（Pascal, *Pensées*）（クレオパトラの鼻、もしそれがもう少し低かったら、地球の相貌はまったく変わっていたであろう）と。

第 4 章

総称を表す名詞

この旅では、名詞句を特定と総称の二つに分け、第 2 章と第 3 章では特定の名詞句について考えをめぐらせてきました。

第 4 章のテーマは総称です。フランス語には総称専用の冠詞といったものはなく、定冠詞も不定冠詞も総称の名詞句を表すのに用いられます。同じ冠詞が特定の名詞句にも総称の名詞句にも使われるのを不思議に思う人もあるかもしれませんが、これは別におかしなことではありません。発話状況や言語文脈によって名詞句を解釈するための場面・領域が限定されていれば、その名詞句は特定の指示対象を表すものとして解釈されます。いっぽう、名詞句の解釈が特定の時間や空間に縛られない場合には、総称の指示対象を表すことになるのです。では、未知なる総称の世界に足を踏み入れましょう。

26課 総称とは何か

第4章の旅のテーマは総称（générique）です。総称は、2章と3章を通じて考えをめぐらせてきた特定（spécifique）と対になる概念です。

1）Il sortit de son bureau et descendit l'escalier. Sous *le brouillard*, la ville cette nuit avait l'air d'une immense gare : il avait aimé *le brouillard*, *les gares*. Maintenant il n'aimait plus rien ;〔...〕

（Simone de Beauvoir, *Les Mandarins*）

> 彼はオフィスを出て階段を下りた。霧の中、その夜の町は巨大な駅のようだった。以前、彼は霧や駅が好きだった。今は何も好きではなかった。

例1）の sous le brouillard（霧の中）の le brouillard は、彼がオフィスを出たときに町を包んでいた霧のことで、特定の指示対象です。いっぽう、aimer の直接目的語の le brouillard（霧）と les gares（駅）は特定の日・時間の霧や特定の駅のことではなく、一般的な概念としての霧と駅のことで、このような名詞句が総称を表す名詞句です。ただし、特定の個人の好き嫌いを述べる « Il aime le brouillard et les gares. » のような文は、直接目的語が総称を表す名詞句であっても文全体としては**総称文**（phrase générique）ではありません。総称文とは、例2）や3）のように、あるモノや種属・種類についてその定義や一般的特性を述べる文のことです。

2）Le pangolin est un mammifère couvert d'écailles.

> センザンコウは鱗に覆われた哺乳類です。

3）Les chiens perçoivent les ultrasons.　　　（*Le Petit Robert 2018*）

> 犬は超音波を感知する。

第4章では、総称を表す名詞句、とりわけ総称文に現れる名詞と冠詞の相関関係について考えます。

シェークスピアの『ジュリアス・シーザー』の第2幕第2場で、シー

ザーは妻のキャルパーニアに次の 4) の台詞を言います。

4) **Cowards die many times before their death;**
   The valiant never taste of death but once.〔Shakespeare, *Julius Caesar*〕
   臆病者は死ぬまでに何度も死ぬ思いをする。
   勇者が死を味わうのは一度だけだ。

　シーザーのこの台詞は総称文ですね。では、該当箇所のフランス語訳をいくつか見てみましょう。5) a は 18 世紀の翻訳、5) b は 19 世紀の翻訳、5) c と 5) d は 20 世紀の翻訳です。翻訳者名は（　）に入れています。注目すべきは「臆病者」と「勇者」の訳です。

5) a. *Les lâches* meurent plusieurs fois avant leur mort ; *le brave* ne goûte de la mort qu'une fois.　　　　　〔Pierre Letourneur〕

   b. *Les lâches* meurent plusieurs fois avant leur mort ; *les vaillants* ne connaissent la mort qu'une fois.　　　〔Émile Montégut〕

   c. *Les lâches* meurent bien des fois avant leur mort,
      Mais *les vaillants* ne goûtent la mort qu'une fois.〔Yves Bonnefoy〕

   d. *Le lâche* meurt cent fois bien avant de mourir,
      Le courageux ne goûte à la mort qu'une fois.　　〔Louis Lecocq〕

　シェークスピアは「臆病者」には無冠詞複数の cowards、「勇者」には定冠詞単数の the valiant と、異なる形式を用いています。いっぽうフランス語の翻訳を見ると、a では定冠詞複数の les lâches と定冠詞単数の le brave の異なる形式が選ばれていますが、b と c では定冠詞複数の les lâches と les vaillants が、d では定冠詞単数の le lâche と le courageux が用いられています。しかし、言語学では「形式が異なれば意味は異なる」と考えるのがふつうです。シェークスピアが「臆病者」と「勇者」に限定辞と単数・複数の異なる名詞句を用いたのは、作家がこの二つの指示対象を異なる見方で捉えているからなのです。一般に、総称を表す英語の無冠詞複数はフランス語の定冠詞複数に相当し、総称を表す英語の定冠詞単数はフランス語の定冠詞単数に相当すると考えられています。ですから、

シーザーのこの台詞についてシェークスピアの意図を正しく反映した翻訳は 5) a ということになります。では、フランス語で総称を表す定冠詞複数名詞句と定冠詞単数名詞句とは何が違うのでしょうか。それがわかれば、シェークスピアの 4) も正しく解釈することができるはずです。

フランス語で総称を表す名詞句には、定冠詞単数 le X、定冠詞複数 les X、不定冠詞単数 un X、指示形容詞 ce X / ces X の四つの形式があります。これらの細かい違いについては 27 課以降で詳しく見ますが、ここでは総称用法として一般的な定冠詞単数・定冠詞複数・不定冠詞単数の三つの形式の基本的な特徴を概観して第 4 章の旅の道しるべとしましょう。

6) **a. 定冠詞単数 le X：X に多様性・個別的差異を認めず、X を不可算のものとして捉える。X は、（同じカテゴリーレベルに属する）V や W、Y、Z などその他の種と対比される。**

b. 定冠詞複数 les X：X に多様性・個別的差異を認め、X を可算のものとして捉える。X の集合はさまざまな X を含む不均質な集合である。

c. 不定冠詞 un X：X の集合から一つの要素 un X を取り出し、集合すべてを代表させる。他の種との対比はない。具体的な発話状況が引き金となってそれぞれの状況に即した X の特徴について語ることが多い。

可算名詞の場合、6) の三つの総称形式すべてがあり得るのですが、不可算名詞については定冠詞単数 le X の形しか存在しません。もし一般に不可算とされる名詞が定冠詞複数 les X または不定冠詞単数 un X いずれかの形で現れるとしたら、それはもはや不可算名詞ではありません。では、6) a・6) b・6) c それぞれに対応する具体例を見て確認しましょう。

7) **a. Je n'aime pas *l'avion*. J'ai toujours un peu peur. Pour voyager, je préfère *le train*.**

飛行機は好きじゃない。ちょっと恐いんだ。旅行するなら列車がいい。

b. J'adore *les trains* ! Je prends des photos de toutes les sortes de trains que je vois.

僕は列車が大好きなんだ！　目にしたあらゆる種類の列車の写真を撮るよ。

c. *Un train* ne peut pas s'arrêter pile. D'où cet accident !

列車は急には止まれないよ。だからこの事故が起きたんだ。

　例 7）a では、飛行機や列車、バス、船などさまざまな移動手段・交通機関の対比はありますが、飛行機の多様性や列車の多様性は考慮されておらず、飛行機も列車も典型的な一種類のものと捉えられているため、定冠詞単数が用いられます。いっぽう 7）b では、鉄道ファン（撮り鉄）の話者にとって列車は多種多様なものであり、列車の集合はいろいろなタイプの列車を含む不均質な集合であるため、定冠詞複数が選択されるのです。7）c の不定冠詞単数の un train は、「列車の集合からどの一つの列車をとっても、それは急には止まれない」という列車の性質を表しています。

　ここで、4）のシーザーの台詞を振り返ってみましょう。名詞句の解釈に関して英語の原文に忠実に対応すると考えられる 5）a において、定冠詞複数の les lâches は「臆病者にはさまざまなタイプがいる」ことを、定冠詞単数の le brave は「真の勇者の典型は一つである」ことを含意します。英語の cowards と the valiant の解釈も同じです。そして、おそらくそれがシェークスピアの意図した臆病者と勇者の違いなのです。

　なお、不定冠詞複数 des X と部分冠詞 du X には基本的に総称を表す用法はなく、例 8）や 9）のような文は非文法的な文と見なされます。

8）×Des dauphins sont intelligents.　イルカは頭がよい。

9）×Du lait est un aliment complet.　牛乳は完全栄養食品です。

　18 課で学んだように、不定冠詞複数 des X は可算名詞 X の集合 les X からいくつかの X を取り出したもので、部分冠詞 du X は不可算名詞 X の集合 le X から一部を取り出したものです。総称は基本的に「すべての X」を包括的に表す用法ですから、全体から一部を抽出する不定冠詞複数と部分冠詞には総称の用法はないのです。実は 9）を少し変えた « Du lait, c'est un aliment complet. » は可能なのですが、本書では深入りしません。

　以上の基礎知識をふまえて、総称の世界を旅してゆきましょう。

27課と28課では、定冠詞単数 le X による総称と定冠詞複数 les X による総称を比較しながら、その違いについて考えます。総称を表す定冠詞単数と定冠詞複数それぞれの特徴は次のようにまとめられます。

1）a. 定冠詞単数 le X：X に多様性・個別的差異を認めず、X を不可算のものとして捉える。X は Y、Z などその他の種と対比される。X の本質的な性質・内在的な性質（propriété intrinsèque）について述べる。

　　b. 定冠詞複数 les X：X に多様性・個別的差異を認め、X を可算のものとして捉える。X の集合はさまざまな X を含む不均質な集合である。X にとって本質的でない外在的な性質・X に固有ではない性質（propriété extrinsèque）について述べる。

（cf. Kleiber 1989、東郷 2011）

　総称の定冠詞単数 le X の典型例が現れるのは、動物や植物の事典や図鑑です。では、子供向きの挿絵入り図鑑 *Mes années POURQUOI* シリーズの *La nature*（Éditions Milan, 2018）からの例2）を見てみましょう。

2）*Les mammifères* ont des poumons pour respirer. La femelle a en plus des mamelles pour allaiter son petit. 〔...〕 Avant de naître, le bébé a grandi dans le ventre de sa maman. Après sa naissance, il peut boire le lait de sa maman. *L'homme* est donc bien un mammifère, comme *le chat, le chien, le lion* ou même *la baleine* ! *Les mammifères* sont un grand groupe d'animaux comme *les reptiles, les insectes* ou *les oiseaux*.　（Sandra Laboucarie, *La nature*）

　　哺乳類は呼吸するための肺を持っています。雌にはさらに、子供に乳を与えるための乳房があります。〔…〕赤ちゃんは生まれる前に母親のお腹のなかで大きくなります。生ま

れてからは母親のお乳を飲みます。ですから、人間は確かに哺乳類なのです。猫や犬や
ライオンや鯨が哺乳類であるように！ 哺乳類は爬虫類や昆虫類、鳥類などとともに、大
きな動物のグループなのです。

　例 2）で les mammifères（哺乳類）や les reptiles（爬虫類）、les insectes
（昆虫）、les oiseaux（鳥類）が定冠詞複数なのは、哺乳類が犬・猫・ライ
オンなどさまざまな動物を含むように、爬虫類・昆虫・鳥類それぞれも
多種多様な動物種を含むからです。このように、定冠詞複数 les X によ
る総称は不均質で不揃いの X の集合を表します。それに対し、例 2）で
l'homme（人間）や le chat（猫）、le chien（犬）、le lion（ライオン）、la
baleine（鯨）が定冠詞単数なのは、ここでは犬や猫・ライオン・鯨それ
ぞれの多様な種類は考慮されていないからです。定冠詞単数 le X による
総称は X の多様性・個別的差異を捨象したもので、多くの場合、他の種
（Y, Z, etc.）との対立を前提とします。動物図鑑や百科事典に定冠詞単数
le X による総称が現れやすいのはそのためですね。次の例 3）は映画『マ
ルセルの夏』からの一場面で、マルセルの父ジョゼフに伯父ジュールが幻
のジビエ（獲物、狩猟鳥獣）とは何かを当てさせる場面です。

3）Jules : Dans les ravins du Taoumé existe le roi des gibiers. Devinez !
　　　〔...〕Le gibier le plus rare ?

　Joseph : *La perdrix* ?

　Jules : Le plus beau ?

　Joseph : *La perdrix rouge* ?

　Jules : Le plus méfiant ?

　Marcel : 〔à son père, à voix basse〕 *Le lièvre* ?

　Joseph : *Le lièvre* !

　Jules : Allons Joseph, le gibier qui est le rêve du chasseur ?

　Marcel : *Le faisan* ! 〔...〕

　Jules : Alors ? Le plus rare, le plus beau, le plus méfiant...

　Joseph : Non ! ... je ne... je ne sais pas !

Jules : *La bartavelle* !　　　　　　　　(*La gloire de mon père*, film de Yves Robert)

ジュール「タウメの谷には獲物の王さまがいるんだ。何か当ててごらん。〔…〕もっと
も珍しい獲物は？」　ジョゼフ「ヤマウズラ？」　ジュール「（違うよ）もっとも豪華な獲
物だよ」　ジョゼフ「アカアシイワシャコ？」　ジュール「（違うよ）もっとも用心深い
やつだよ」　マルセル（父親に小声で）「野ウサギじゃない？」　ジョゼフ「野ウサギ！」
ジュール「ジョゼフ！ 狩人にとって夢の獲物は？」　マルセル「キジ！」〔…〕ジュール
「さあ、もっとも珍しくもっとも豪華で、もっとも用心深い獲物は？」　ジョゼフ「うー
ん…わからないよ」　ジョゼフ「ハイイロイワシャコだよ！」

　狩猟鳥獣（gibier）の集合には、ヤマウズラや野ウサギ、キジなどさま
ざまな獲物が含まれます。しかし例3）では、ヤマウズラ（perdrix）と
いう種内部の多様性やアカアシイワシャコ（perdrix rouge）・野ウサギ
（lièvre）・キジ（faisan）・ハイイロイワシャコ（bartavelle）それぞれの種
内部の多様性や個別的差異は問題になっておらず、ただ獲物としての動物
種 X と動物種 Y、動物種 Z などが対比されているため、定冠詞単数が用
いられています。つまり、百科事典・動物図鑑における種の対立と同じ論
理構造が働いているのです。

　次の例4）から7）は *Le Petit Robert 2018* または *Le Grand Robert 2018*
からの例で、いずれも総称文です。

4）***La chèvre*, dotée de cornes arquées, à pelage fourni, est apte à
　　grimper et à sauter.**

　　ヤギは湾曲した角と豊かな毛並みを持ち、山を登ったり飛び跳ねたりできる。

5）***Le caméléon* peut se camoufler en changeant de couleur selon
　　l'endroit où il se trouve.**

　　カメレオンは居場所によって体色を変えて身を隠すことができる。

6）***Les pangolins* se roulent en boule à l'approche du danger.**

　　センザンコウは危険が近づくと体を球のように丸くする。

7）***Les chiens* perçoivent les ultrasons.**

　　犬は超音波を感知する。

　まず、4）はヤギという動物種に本質的な性質を記述することでヤギを定義する文であり、ここではヤギの個別的差異は考慮されていないので定冠詞単数の la chèvre が用いられます。不思議なのは、「カメレオンは居場所によって体色を変化させる」という 5）では定冠詞単数の le caméléon が選択され、「センザンコウは危険が近づくと体を丸くする」という 6）と「犬は超音波を感知する」という 7）では定冠詞複数の les pangolins / les chiens が選択されていることです。これは、5）では「体色を変化させる」ことがカメレオンに固有の本質的な性質と考えられていて、他の動物種との対比が前提とされているのに対し、6）と 7）では「体を丸くする」ことはセンザンコウだけの特徴ではなく、また「超音波を感知する」ことも犬に固有の性質ではないと考えられていて、他の動物種との対比はないからです。絶滅危惧種として保護されているセンザンコウは近年密輸の摘発などで話題になる動物ですが、体を丸くする動物としてはアルマジロやハリネズミのほうが一般にはよく知られており、センザンコウは体を丸くする動物の代表とは言えないでしょう。また、犬だけでなくコウモリやイルカも超音波を感知できることで知られています。ちなみに、カメレオンだけでなく一部のカレイやタコも体色を変化する能力を持ちますが、フランス語の caméléon には「態度や意見をすぐに変える人」という意味があり、この語が 17 世紀のラ・フォンテーヌの『寓話』でもこの比喩的な意味で用いられていることからもわかるように、フランス語話者にとって体色を変化させる動物の筆頭格はやはりカメレオンなのです。

8）Selon les espèces, *le requin* est ovipare, vivipare ou placentaire.

　　サメは品種によって卵生または卵胎生または胎生である。

Le Petit Robert 2018 からの例 8）では、「サメには卵生・卵胎生・胎生のものがある」としてサメの多様性を述べているにもかかわらず、定冠詞単数の le requin が用いられています。これは、一つの動物種に卵生・卵胎生・胎生のものがいることがサメに独特の性質であると捉えられ、他の動物種との対比が含意されているからだと考えられます。

121

定冠詞単数と定冠詞複数による総称(2)

　総称を表す定冠詞単数の le X は、その他の種 Y や Z などと対比され、X に固有の本質的な性質を語るときに用いられる、と 27 課で学びました。総称の le X の典型的な例は百科事典や図鑑などに現れます。

1) *La pivoine* possède de très nombreuses étamines. 〔...〕*Les pivoines* ont horreur d'être déplacées : plus la souche vieillit, plus elle fleurit abondamment. Les jardiniers disent que *les pivoines herbacées* peuvent vivre cent ans !

　　　　　　（Virginie Aladjidi & Emmanuelle Tchoukriel, *Inventaire illustré des fleurs*）

　シャクヤクは多くの雄蕊を持っています。〔…〕シャクヤクは別の場所に移されるのを嫌います。根株が古くなればなるほど、花はたくさん咲きます。（草本の）シャクヤクは100 年も生きると庭師は言います！

　シャクヤクには多数の品種がありますが、1) では、他の花・植物との対比を前提としてシャクヤクという種に内在的な性質を述べるときには定冠詞単数の la pivoine が用いられています。しかし、「別の場所に移されるのを嫌う」または「寿命は 100 年」と述べるときに定冠詞複数の les pivoines / les pivoines herbacées が選択されているのは、他の種との対比をふまえずにシャクヤクの一般的な特徴を記述する場合で、それがシャクヤクに固有の本質的な性質とまでは考えられていないからです。

　総称を表す定冠詞複数の les X は、X を別の種と対比させることなく、不揃いの要素を含む X の集合の存在を想定し、その集合に属する X に共通する一般的な特徴を述べるのに用いられます。定冠詞単数の le X が X に固有の本質的な特徴を記述するのに対し、定冠詞複数の les X は X にとって必ずしも本質的でない外在的な性質を述べるのに用いられます。

2) Oh ! *les hommes* sont impitoyables ! ou plutôt, je me trompe, c'est

Dieu qui est juste et inflexible.

（Alexandre Dumas fils, La Dame aux camélias）

ああ！ 人間はなんと冷酷なのでしょう！ いや、それは私の思い違いで、むしろ神様が正しく厳しい裁きをされているのでしょう。

3）**Il prétendait que _les assassins_, tout au moins jusqu'à leur condamnation, sont moins préoccupés par leur crime, à plus forte raison par le souvenir de leur victime, que par l'effet qu'ils produisent sur le public. Du jour au lendemain, ils sont devenus des vedettes.** （Simenon, _Maigret et la jeune morte_）

殺人犯というものは、少なくとも有罪の判決が出るまでは、自分の犯した罪のことや、ましてや被害者のことよりも、自分が大衆に与える効果のことを考えているものなのだ、というのがメグレの主張だった。一夜にして、殺人犯はスターになるのである。

　2）の les hommes（人間）、3）の les assassins（殺人犯）は、別の種との対比を想定せず、人間と殺人犯それぞれの一般的な特徴を述べるために用いられています。

4）［行方不明になった郵便飛行士の妻が社長と話したいと言ってきて］

　Les éléments affectifs du drame commençaient à se montrer. Il pensa d'abord les récuser : _les mères_ et _les femmes_ n'entrent pas dans les salles d'opération. （Saint-Exupéry, _Vol de nuit_）

悲劇の感情的な要素がいよいよ表に現れてきたのである。彼は最初、それを拒否しようとした。母親や妻は手術室に入らないものなのだ。

5）［メグレが容疑者の女性に］**_Les hommes_, contrairement à ce que l'on pense, parlent plus facilement que _les femmes_.** （Simenon, _Un Noël de Maigret_）

一般に言われているのとは違って、男のほうが女よりも簡単に白状するものだよ。

　4）では「母親と妻」と「仕事の世界の男性」の対比は感じられますが、「手術室に入るかどうか」は「母親と妻」の本質的な性質の定義とは言えないため 4）で定冠詞単数の la mère et la femme を用いるのは不自然で、原文のように定冠詞複数が自然です。5）でも男性と女性の対比はありま

123

すが、「簡単に白状するかどうか」は男性・女性についての本質的な特徴の記述ではないため、定冠詞複数の les hommes / les femmes が選択されています。それに、男性の中にもなかなか白状しない犯人もきっといるでしょう。でも、「さまざまな X がある」ことを想定する定冠詞複数による総称文では、その文の記述に当てはまらない X があってもよいのです。

6) **_Les Français_ sont souvent, en matière de vin, d'un formalisme qui frise le ridicule.** （Muriel Barbery, *Une gourmandise*）

フランス人はしばしばワインに関して、滑稽なまでに形式を重んじる。

7) **L'essentiel est invisible pour les yeux.〔...〕_Les hommes_ ont oublié cette vérité, dit le renard. Mais tu ne dois pas l'oublier.**

（Saint-Exupéry, *Le Petit Prince*）

「大切なことは目に見えないんだよ」〔…〕「人間たちはこの真理を忘れてしまっている」とキツネは言った。「でも君は忘れちゃだめだよ」

8) **– Ma vie est monotone. Je chasse les poules, les hommes me chassent. _Toutes les poules_ se ressemblent, et _tous les hommes_ se ressemblent.** （Saint-Exupéry, *Le Petit Prince*）

僕の生活は単調だ。僕がニワトリを追いかけ、人間が僕を追いかける。ニワトリはみんなよく似ているし、人間もみんなよく似ている。

6) では、すべてのフランス人が常にワインについて形式を重視していなくても構いません。7) でも、その真理を忘れていない人間がいてもいいのです。そして、8) のように形容詞 tout（すべての）を定冠詞複数の les X の前につけると、すべての X であることが明確になります。さまざまな要素を含む X の集合をざっくりとまとめて表す定冠詞複数の les X に対し、定冠詞単数の le X は個別的な差異の捨象された X であり、ときに抽象的なレベルで X に固有の本質的な性質や出来事を記述するのに用いられます。次の 9) の l'homme は「人類・人間」の意味で、人間個々の多様性は考慮されておらず、不可算の対象として捉えられています。

9) **Depuis 1950, _l'homme_ a fabriqué 8,3 milliards de tonnes de**

plastiques 〔*Le Monde*, 19/07/2017〕

1950 年以来、人類は 83 億トンのプラスチックを生産してきた

定冠詞複数の les X と定冠詞単数の le X の性質の違いは、次の 10)における les hommes と l'homme の対立にもよく現れています。

10) Quand on veut étudier *les hommes*, il faut regarder près de soi ; mais, pour étudier *l'homme*, il faut apprendre à porter sa vue au loin ; il faut d'abord observer les différences, pour découvrir les propriétés. 〔Jean-Jacques Rousseau, *Essai sur l'origine des langues*〕

個々の人間を研究するには、自分の周りを見ればよい。しかし真の人間というものを研究するには、眼差しを遠くにやることを学ばなければならない。その属性を発見するためには、まず違いを観察しなければならないのだ。

10)では、les hommes は個々の人間の多様性をふまえた人間の集合を表しますが、l'homme は個別性の捨象された、ただ唯一の真の姿の人間を表します。総称を表す単数の le X は、X の多様性・個別的差異を捨象するため、(もともと X が可算名詞であっても) X を不可算の指示対象として捉えさせます。いっぽう、les X は不揃いの X の要素からなる集合を表し、X は可算の指示対象です。« J'aime bien ～ »(～が好き)と好みを言うとき、可算名詞であれば定冠詞複数の les X、不可算名詞であれば定冠詞単数の le X が用いられる理由は、もうおわかりですね。

11) J'aime bien { les sardines / les cerises / les oranges / les pommes }.

私は {イワシ / サクランボ / オレンジ / リンゴ} が好きです。

12) J'aime bien { le thé / le vin / le saumon / le melon / la pastèque }.

私は {紅茶 / ワイン / サーモン / メロン / 西瓜} が好きです。

サクランボやオレンジ、リンゴは可算と捉えられるのにメロンや西瓜が不可算と捉えられるのは、前者は一人で 1 個丸ごとあるいはいくつも食べられるのに対し、後者は一人で一度に 1 個丸ごとは食べず、切って一部を食べる果物だからです。イワシとサーモンについても同じ理屈が成り立ちます。

㉙課 不定冠詞単数による総称

　この課では、不定冠詞単数 un X による総称について考えます。

　不定冠詞単数 un X は、可算の対象として捉えられる X の集合の存在を前提とし、« J'ai acheté un croissant. »（私はクロワッサンを買った）のように X の集合から取り出された一つの要素 X を表すか、« C'est un croissant. »（これはクロワッサンです）のように X の集合に帰属する一つの要素 X として分類されるかのいずれかの操作によって生じます（*cf.* Martin 1983）。総称を表す un X は、X の集合から取り出した一つの要素 X によって集合すべてを代表させる用法で、1）のように、集合からどの X を取り出しても文の内容が成り立つことを表します（*cf.* 西村 2011）。

1）*Un assassin* ne peut hériter de sa victime.

（Simenon, La Tête d'un homme より、文の前後を省略）

　　殺人犯は自分が殺した人から遺産を相続することはできない。

　un X による総称は「X の集合から抽出された要素 X 一つ」について文の記述内容が成立するかどうかを問題にするため、2）の「ドラゴンは存在しない」や 3）の「温暖化の影響でコアラは絶滅の危機にさらされている」のような、X の属する集合全体を問題にする文では使えないことがよく知られています。2）や 3）のような文では、単数定冠詞つき名詞 le X もしくは複数定冠詞つき名詞 les X が用いられます。

2）a. ×*Un dragon* n'existe pas.

　　b. *Le dragon* n'existe pas. / *Les dragons* n'existent pas.

3）a. ×*Un koala* est menacé d'extinction par le réchauffement climatique.

　　b. { *Le koala* est menacé / *Les koalas* sont menacés } d'extinction

　　　par le réchauffement climatique.

　総称的用法の不定冠詞単数 un X は、百科事典や辞書などの X の定義で

用いられることはほとんどなく、具体的な個別の発話状況において X が話題になるときに現れ、多くの場合、主観的な定義や評価を表します。また、un X 総称文の述語は、出来事を表す述語ではなく、時空間に束縛されない、X の性質・特徴を表すタイプの述語でなければなりません。

4）［メグレ夫人が夫に］ –〔...〕Est-ce qu'elle a ri ?

　　– Elle n'a pas eu l'occasion de rire.

　　– *Une vraie enfant* trouve toujours l'occasion de rire.

（Simenon, Un Noël de Maigret）

「〔…〕あの子は笑った？」「笑うような機会はなかったよ」「ふつうの子供なら、いつでも笑う機会を見つけるものよ」

5）– Tu es gentille, dit Chick. Je ne te mérite pas. Mais c'est mon vice, collectionner Partre, et malheureusement *un ingénieur* ne peut pas se permettre d'avoir tout.

（Boris Vian, L'Écume des jours）

「君は優しいね」とシックは言った。「僕は君にはふさわしくないな。でもバルトル関連のものを収集するのは僕の悪癖なんだ。そして残念ながら、エンジニアにはすべてを手に入れる余裕はないんだ」

6）–〔...〕et je ne me suis trouvé enfin dans aucune de ces positions qui autorisent un père à dire à son fils ce que vous venez de me dire.

　　– *Un père* est toujours autorisé à écarter son fils de la mauvaise voie dans laquelle il le voit s'engager.〔...〕

（Alexandre Dumas fils, La Dame aux camélias）

「〔…〕つまり僕は、あなたが今言ったようなことを父親から聞かされても仕方がないようなことは、息子として一切していないつもりですが」

「父親というものは、自分の息子が悪い道に足を踏み入れそうなのを見たら、いつでも当然そこから遠ざけてやるものなのだ。〔…〕」

4）では、少女が大人びていて笑わないことを聞いたメグレ夫人が une vraie enfant を用いて「子供なら笑うもの」と述べています。5）では、エンジニアの自分を念頭において un ingénieur を用いてエンジニアについて

の一般論を、6) でも、父と息子が対立する場面で父親本人が un père を用いて父親についての一般論を述べています。このように un X による総称は、具体的な発話場面での特定の X が引き金となって現れます（*cf.* 古川 1978）。実は、un X による総称はいつでも成り立つわけではなく、例えば次の 7) のような « un X ＋ être ＋ 形容詞 » 型の構文の総称文は容認度が低いことが指摘されています（*cf.* 藤田 1985）。

7) a. [?] *Un prince* est vaillant.　　王子さまは勇敢なものです。

　 b. [?] *Un homme* est libre.　　男（人間）は自由なものです。

　しかし、ある種の操作を行うことで総称解釈の un X は自然になります。上の 4) から 6) や次の 8) から 12) が示すように、X に形容詞などの修飾語句をつけて X の範囲を限定する、X を他の名詞と対比する、主語の X を指示代名詞 ce や ça によって受け直す（＝主題化する）、toujours や souvent などの頻度を表す副詞をつける、pouvoir や devoir などの法助動詞を用いる、といった操作です（*cf.* 古川 1978、藤田 1985、長沼 2013）。

8) *Un menteur habile* mêle le vrai au faux.

(Stanislas-André Steeman, *L'assassin habite au 21*)

巧妙な嘘つきは、嘘に真実を混ぜるものです。

9) 〔...〕*un bon détective* doit passer partout inaperçu.　　　(*Ibid.*)

良い探偵は、どこでも人に気づかれずに通れなければいけない。

10) 〔...〕*un Prince jeune et amoureux* est toujours vaillant.

(Charles Perrault, « La Belle au bois dormant », *Contes*)

恋をする若い王子というものは、いつだって勇敢なものです。

11) ［出産を控えたエマが男の子を欲しがる理由について］

Un homme au moins est libre ; 〔...〕Mais *une femme* est empêchée continuellement.　　　(Flaubert, *Madame Bovary*)

男はとにかく自由だ。〔…〕だが、女はたえず邪魔される。

12) Si vous le permettez, nous prendrons des sanctions : *une panne de lumière de bord*, ça peut être grave !　　　(Saint-Exupéry, *Vol de nuit*)

よろしければ、懲戒処分にさせて下さい。計器盤のライトの故障は、重大な結果につながりかねません！

　フランス語の現在形は習慣的現在と現在進行形の両方の用法を持ちますが（英語では異なる形式）、このうち総称解釈になるのは習慣的現在のほうです。しかし、Xの集合から一つの要素を取り出す un X は「聞き手にとって不定（indéfini）の、ある一つのX」を談話に導入するのが本質的な働きであり、例えば «Une abeille bourdonne.» はむしろ「一匹の蜜蜂がぶんぶん飛んでる」という、存在する一匹の蜜蜂の現在進行形の文として解釈されます。このような個別的なXの特定解釈をブロックしてXの総称解釈を促すのが上に挙げた操作であると考えられます。un X 主語の文が否定文になると特定解釈が妨げられて総称解釈になるのも同じことです。

13）**Un Anglais** n'est jamais servi au petit-déjeuner.

（*Gosford park*, film de Robert Altman）

イギリス人は、朝食では決して給仕してもらわないものです。

　総称を表す定冠詞単数の le X および定冠詞複数の les X は文の主語としても直接・間接目的語としても容易に用いられますが、総称を表す不定冠詞単数 un X は主語として現れることがほとんどです。しかし、総称の un X が直接目的語や間接目的語の位置に生じることもあります。

14）**On ne poignarde pas *un cadavre* sans le savoir.**　（*Ibid.*）

死体をナイフで刺して、死んでることに気がつかないことはない。

15）– 〔...〕**En somme, si on la connaît un peu, c'est depuis Colette, parce qu'on s'intéresse toujours davantage à *un enfant*.**

（Simenon, *Un Noël de Maigret*）

要するに、彼女のことを少し知るようになったのは、コレットが来てからなんです。というのも、いつだって（大人よりも）子供にいっそう興味を持つものですから。

　ここでは主語が「一般的な人」を表す不定代名詞の on として背景化され、かつ Xの特徴を表す述語が用いられていることに加え、否定文であることまたは toujours の使用が un X の総称解釈を自然にしています。

129

　30課および31課では、指示形容詞つき名詞句 ces X / ce X による総称について考えます。ces X / ce X による総称は、照応的用法・感嘆的用法・周知の用法の三つに分類することができます。第1の照応的用法の総称とは、1）の ces bêtes-là のように、先行詞を受け直す形で現れて総称の指示対象を表す ces X / ce X の用法のことです（*cf.* Gary-Prieur）。照応詞 X はイタリックで、先行詞 Y はアンダーラインで示しています。

1）［幻の獲物を2羽仕留めたジョゼフに］– **Quoi, un doublé ? Un doublé de <u>bartavelles</u> ?**〔...〕**Eh ben, l'étonnant, c'est que vous ayez pu les retrouver... parce que, même mortes en l'air,** *ces bêtes-là*, **ça vole encore pendant cinq à six cents mètres.**

（*La gloire de mon père*, film de Yves Robert）

「何だって、ハイイロイワシャコを二連射で？〔…〕よくもまあ、撃った後で見つけ出せたもんだね。この動物は、空中で死んでからも 500 から 600 メートルは飛ぶからさ」

　照応的総称の指示形容詞つき名詞句 ces X / ce X には、1）のように先行詞が特定の指示対象を表すタイプ A と、先行詞も総称の指示対象を表すタイプ B があります。それでは、タイプ A の例から見てゆきましょう。

2）<u>**Deux gypaètes barbus**</u> **lâchés dans les Alpes**
Ces vautours, **considérés comme les plus grands rapaces d'Europe, sont progressivement réintroduits dans leur milieu naturel depuis 1986.**
（*Le Monde*, 06/06/2015）

［新聞記事の見出し］2羽のヒゲワシ、アルプスに放たれる

ヨーロッパ最大の猛禽であるこのハゲワシは、1986 年以来、徐々に本来の自然環境に再導入されている。

3）［チリからブエノスアイレスに飛んだ飛行機が嵐に巻き込まれて］–**C'est <u>un cyclone</u>**

du Pacifique, on nous a prévenus trop tard. *Ces cyclones* ne dépassent jamais les Andes.　　　　　（Saint-Exupéry, *Vol de nuit*）

「太平洋からの暴風雨だよ。予報が遅すぎた。ああいう暴風雨がアンデス山脈を越える

ことはまずないんだが」

　照応的総称の ces X / ce X の最大の特徴は「照応詞 X は先行詞 Y の上位語（hyperonyme）である」ということです。1）の照応詞 bête（動物）は先行詞 bartavelle の上位語で、2）の照応詞 vautour（ハゲワシ）も gypaète barbu（ヒゲワシ）の上位語です。同じく 3）でも、照応詞 cyclone は先行詞 cyclone du Pacifique の上位語になっています。つまり指示形容詞は、X の下位カテゴリーを表す先行詞 Y を受け直して「X のカテゴリーを限定する働き」を持っているのです。タイプ A では、特定の対象を表す先行詞 Y が現れる文は特定の時空間で展開される事行であってもかまいませんが、照応詞 ces X は種としての X の性質・特徴を表す述語またはその種にとって重要な出来事を表す述語（例 2）とともに用いられます。

　照応的総称の ces X / ce X は多くの場合、複数形の ces X になりますが、4）のように単数の ce X の例も存在します。また、5）のように照応詞 X に話者・語り手の主観を表す形容詞などがつくこともあります。

4）**Un Navire en cet équipage / Non loin d'Athènes fit naufrage. / Sans <u>les Dauphins</u> tout eût péri. / *Cet animal* est fort ami / De notre espèce : en son Histoire / Pline le dit, il le faut croire.**

　　　　　（La Fontaine, « Le Singe et le Dauphin », Fable VII, Livre IV, *Fables*）

そうした乗客を乗せた船が ／ アテネから遠くないところで難破した。 ／ もしイルカたち

がいなかったら　みんな死んでしまっていただろう。 ／ この動物は　われわれにとても

好意を抱いている。『博物誌』で ／ プリニウスがそう言っているのだから　彼を信じな

ければならない。

5）**C'étaient <u>de petits lézards gris</u>, qui avaient le brillant de la plombagine. Paul leur fit aussitôt la chasse, mais il ne rapporta que des queues frétillantes. Notre père nous expliqua que *ces*** *charmantes bestioles* les abandonnent volontiers, 〔...〕

(Marcel Pagnol, La gloire de mon père)

それは黒鉛のようにつやつやした、灰色の小さなトカゲだった。ポールはさっそく捕まえようとしたが、持ち帰れたのはぴくぴく動く尻尾だけだった。父は私たちに、この可愛い小動物は〔…〕いさぎよく尻尾を残して逃げるのだと説明した。

次に、先行詞 Y も総称名詞であるタイプ B の例を見てみましょう。

6) **Le lynx d'Espagne n'est plus menacé de disparition**
   La population de *ce félin* est passée de 94 individus à près de 600 en dix-sept ans, grâce à un plan de préservation.

(Le Monde, 25/08/2018)

   ［新聞記事の見出し］スペインオオヤマネコは絶滅の危機を脱する

   保護プログラムのおかげで、このネコ科動物の生息数は 17 年で 94 から 600 近くになった。

7) <u>**La corneille d'Hawaï**</u> **mange avec des baguettes**
   ***Ce corvidé*, qui se sert de brindilles pour déloger des insectes, devient la cinquième espèce connue d'oiseaux utilisant des outils.**

(Le Monde, 19/09/2016)

   ［新聞記事の見出し］ハワイガラスは箸を使って食べる

   小枝を使って（木の穴から餌となる）昆虫を取り出すこのカラス科の鳥は、道具を使う鳥として知られる 5 番目の種となる。

6) や 7) が示すように、タイプ B でも照応詞 X は先行詞 Y の上位語になっています。しかし、8) のように、先行詞が下位語（*ex.* éléphant）で照応詞が上位語（*ex.* pachyderme）であれば、定冠詞 le X による非忠実照応が可能であると 13 課・14 課で学びました。では、le X による照応と指示形容詞つき名詞句 ces X / ce X による照応とはどう違うのでしょうか。

8) **L'éléphant, sismomètre de la savane**
   Quand il grogne ou qu'il prend ses jambes à son cou, *le pachyderme* fait vibrer le sol, et ses congénères — et les chercheurs

　　　— l'écoutent.　　　　　（*Le Monde,* 13/05/2018　和訳は 13 課を参照のこと）

　総称名詞を受ける le X と ce X の違いは、le X による照応ではその他の X との対比が感じられないのに対し、ce X による照応ではその他の X との対比が含意されるということです。8）では象とその他の厚皮動物との対比はありませんが、7）ではハワイガラスとその他のカラス科の鳥との対比が感じられます。また、9）が示すように、照応的総称を表す ces X / ce X では、照応詞 X は先行詞 Y の上位語ですが、語り手の主観を表す修飾語句（例 9 では majestueux）や聞き手や読者にとって新情報を表す修飾語句（例えば migrateur など）を照応詞 X に付け加えることができます。

9）**Distinguer le cercle rouge de l'œil perçant du** <u>gypaète barbu</u> **en plein vol : le rêve de tout ornithologue est désormais à portée de regard. Alors qu'il avait totalement disparu du paysage,** *ce rapace majestueux* **s'installe de nouveau dans les Alpes françaises.**

　　　　　　　　　　　　　　　　　　　　　　　　（*Le Monde*, 02/01/2018）

　　飛ぶヒゲワシの鋭い目の回りの赤をはっきり見るという鳥類学者の夢は、もう視線の届くところまで来ている。風景からすっかり姿を消していたこの威厳ある猛禽類がフランスのアルプスに再び棲みついたのだ。

　ces X / ce X による第 2 の総称の感嘆的用法は、例 10）や 11）のように、話者の知識・記憶の中にあるプロトタイプ的な X を表すものです。

10）**Ah !** *Ces fans de foot* **!**　　まったく、サッカーファンときたら！

11）*Ces Américains***, ça cherche sa route...**　　（Saint-Exupéry, *Courrier sud*）

　　アメリカ人ときたら、いつも道を探してるよ…。

　10）は、サッカーの試合会場の外で暴れるファンの姿を見聞きして、その行動を多くのサッカーファンの属性として一般化する発話で、11）は、アメリカ人が多くフランスにいた第一次大戦後のブルゴーニュ地方の町サンス（Sens）で道に迷っているアメリカ人らしき人物を見ての発話です。照応的用法とは異なり、感嘆的用法の ces X は対象 X の表す範囲を限定せず（X の下位カテゴリーを構築せず）、ces X はすべての X を表します。

指示形容詞による総称（2）周知の指示形容詞

　この課では、指示形容詞つき名詞句 ces X / ce X による第3の総称用法である周知の指示形容詞（démonstratif de notoriété）について考えます。

　周知の指示形容詞とは、次の1）や2）のように、一般に知られているあるタイプに言及し「周知」の意味効果を持つとされるもので、日本語では「あの」によって訳出されます（*cf.* 春木1990、井元2000、小田2003）。

1）La petite Fadette rougit beaucoup, ce qui l'embellit encore, car jamais jusqu'à ce jour-là elle n'avait eu sur les joues *cette honnête couleur de crainte et de plaisir qui enjolive les plus laides* ;〔...〕

（George Sand, *La petite Fadette*）

ファデットは顔を赤らめたが、それがいっそう彼女を美しくみせた。というのも、ひどく醜い娘たちでも綺麗にみせる、あの不安と喜びの素直な顔色を、彼女はこの日まで見せたことがなかったからだ。〔…〕

2）Notre père nous expliqua que ces charmantes bestioles les abandonnent volontiers, comme *ces voleurs qui laissent leur veston entre les mains de la police.*　（Marcel Pagnol, *La gloire de mon père*）

父は私たちに、この可愛い小動物（＝トカゲ）は、警官の手に上着を残して逃げる泥棒のように、さっさと尻尾をおいて逃げるのだと説明した。

　周知の ces X / ce X は、常に関係節または comme 節（例3など）をともないます。この関係節の内容は、特定の時空間で展開される一回きりの出来事ではなく普遍性を持つ事象を表すため、その時制は現在形（または半過去形）がほとんどです。興味深いことに、周知の ces X / ce X の表す指示対象は、実際に一般の人によく知られた対象ばかりではありません。この用法はしばしば、「相手の知らないものをあたかも周知のように提示する」レトリックとして用いられます。例3）と4）を比較してみましょう。

3）**– Je n'ai pas trouvé dans la maison une seule lettre venant d'un ami, une seule de *ces photographies de groupes comme on en trouve chez la plupart des gens.*** 　　（Simenon, *Maigret et la Grande Perche*）

「あなたの家には、友達からの手紙は一通もなく、大多数の人が家に持っているようなグループ写真も一枚もありませんでしたね」

4）**C'était un de *ces mois de mai exceptionnels comme on n'en connaît que deux ou trois dans sa vie et qui ont la luminosité, le goût, l'odeur des souvenirs d'enfance.*** 　　（Simenon, *Maigret et les vieillards*）

それは、人が一生に 2 度か 3 度しか経験しないような、子供時代の思い出の匂いや味わい、輝きを持つ、例外的な五月のことだった。

　3）の「多くの人が家に持っているグループ写真」は一種のステレオタイプ的な対象として多くの読者に受け入れられると思いますが、4）の「人が一生に 2、3 度しか経験しないような…例外的な五月」は誰もが肯くような普遍性・一般性を持つ対象とは言えないでしょう。しかし、この周知の ces X / ce X の用法では、指示対象 X が発話状況にも言語文脈にもないため聞き手はそれを共有知識・記憶の中に探しにゆき、かつ関係節の内容が擬似的知識を指示対象に供給することによって、実際にはよく知られていない対象であっても修辞的に周知の解釈が生まれるのです。

　周知の用法では、基本的に X が可算名詞であれば複数の ces X が用いられ、不可算名詞であれば単数の ce X が用いられます。次の例 5）と 6）は X が可算名詞の例、例 7）は X が不可算名詞の例です。

5）**– Vous dire que je ne pense plus du tout à elle, ce serait mentir ; mais je suis de *ces hommes avec qui la façon de rompre fait beaucoup.* Or, Marguerite m'a donné mon congé d'une façon si légère,** 〔...〕 　　（Alexandre Dumas fils, *La Dame aux camélias*）

彼女のことなんかもう何とも思っていない、と言ったら嘘になるだろう。でも僕は、どういうふうに別れるかが気になる男なんだ。ところがマルグリットは、あんなにあっさりと僕を捨ててしまったんだ。〔…〕

6）**Je me comparais à *ces grands voyageurs qui découvrent une île déserte*, et je me disais avec complaisance : « Sans doute, je suis le premier mortel qui ait pénétré jusqu'ici. »**

（Jean-Jacques Rousseau, *Les Rêveries du promeneur solitaire*）

私は、無人島を発見するあの偉大な旅行家たちに自分をなぞらえて、「きっと自分はここまでたどり着いた最初の人間なのだ」と思って自己満足に浸っていた。

7）**Nous passions à table. Je respirais d'une pièce à l'autre, répandue comme un encens, *cette odeur de vieille bibliothèque qui vaut tous les parfums du monde*.**　　　　（Saint-Exupéry, *Terre des hommes*）

僕たちはテーブルにつこうとしていた。部屋から部屋へと、香を焚いたように漂う、世界中のあらゆる香水に匹敵するようなあの古い蔵書の匂いを、僕は吸い込んでいた。

　しかし 8）のように、可算名詞に単数の ce X が用いられることもあります。ここでは X を、複数の多様な要素 X からなる集合・集団として捉えず、個別的な差異のないタイプ X として捉えていると考えられます。

8）**Mais voici l'heure du danger. Alors on s'épaule l'un à l'autre. On découvre que l'on appartient à la même communauté.〔...〕On se regarde avec un grand sourire. On est semblable à *ce prisonnier délivré qui s'émerveille de l'immensité de la mer*.**　　（*Ibid.*）

しかし危機に瀕する時がやって来る。そのとき人々は互いに肩を組む。自分たちが同じ共同体に属していることに気づく。〔…〕微笑んで見つめ合う。海の大きさに驚嘆する、解放されたばかりのあの捕虜のように。

　周知の ces X / ce X は往々にして別の指示対象との比較や比喩（comme ces X や être semblable à ces X）のために用いられ、主語または主題の位置に来ることはまれですが、9）では主語・主題として現れています。

9）**En apprenant la chute de son ami〔...〕, Corte se sentit seul et abandonné au bord d'un gouffre.〔...〕Mais déjà, *ce mimétisme qui est une forme de l'instinct de conservation pour les plantes, les bêtes et les hommes*, lui faisait dire :〔...〕**　（Irène Némirovsky, *Suite française*）

友人の失墜を知って〔…〕、コルトは深淵の縁にひとり見捨てられたように感じた。〔…〕だがすでに、植物と動物そして人間にとっての自己保存本能の一つである擬態が、彼に次のように言わせていた。〔…〕

　最後に、周知の ces X / ce X の用法の亜種と考えられる、新聞記事の見出しや本の題名に特有の指示形容詞の用法を見てみましょう。10）から12）は新聞 Le Monde の記事の見出し、13）と14）は本の題名です。

10）Crise : *ces Français qui renoncent à l'héritage de parents trop endettés* 　　　　　　　　　　　　　　　　　　　　　　　（03/12/2011）

　　経済危機：借金の多い両親の遺産を放棄する（あの）フランス人たち

11）*Ces Français qui rêvent d'être leur propre patron* 　　　（19/10/2015）

　　自分の会社を持つことを夢見る（あの）フランス人たち

12）*Ces aveugles qui voient avec leurs oreilles* 　　　　　　（02/01/2015）

　　耳で見る（あの）視覚障害者たち

13）*Ces gestes qui vous trahissent* 　　　　　　　（Joseph Messinger 1994）

　　あなたの本心を暴露する（あの）しぐさ

14）*Ces psychopathes qui nous gouvernent* 　　　　　（Jean Luc Hees 2018）

　　私たちをあやつる（あの）サイコパスたち

　10）と11）では、ces X qui... が表す事柄を新聞記者が現代の社会現象または時代の趨勢として俎上に載せています（*cf.* 春木 2012）。いっぽう12）と13）では、関係節の表す情報によって aveugles（視覚障害者）および gestes（しぐさ）を新たな側面から捉え直し、読者の注意を喚起しています。14）は、ces X qui... が表す内容を現代の社会現象として告発するという解釈と、サイコパスの新たな側面を明らかにするという解釈の両方が可能ではないでしょうか。いずれの ces X の例でも、指示形容詞の直接指示の働きによって X の指示対象は読み手の共有知識・記憶の中に求められ、関係節が伝える内容の助けもあって、修辞的に周知性が生まれます。また、ふつうの「主語＋動詞」構文ではない、ces X qui... という構文によって X に焦点があたり、読者の注意をいっそう引きつけるのです。

どこにもたどりつかない道

　小説や映画の題名で、冠詞の有無が気になることがある。例えば、『クリムゾン・リバー』で知られるジャン=クリストフ・グランジェの推理小説 *La Terre des morts*（『死者の土地』）には最初に定冠詞がつくが、サン=テグジュペリの『人間の土地』の原題 *Terre des hommes* には定冠詞がつかない。それは、定冠詞をつけて *La Terre des hommes* とすると、「人間以外の住む Terre（大地・地球）も存在する」という余計な含意が生じてしまうからである。対して『死者の土地』が *La Terre des morts* なのは、例えば La Terre des vivants（生者の土地）も存在するからである。映画『猿の惑星』のフランス語の題名が定冠詞つきの *La Planète des singes* なのも、猿の支配しない惑星の存在が前提になっている。パール・バックの『大地』（原題 *The Good Earth*）のフランス語の題名が定冠詞つきの *La Terre chinoise* なのも、chinoise ではない大地（例えば、La Terre africaine）が存在するからであろう。

　ハイデガーの論文集 *Holzwege* は「森の道、杣径」の意味であるが、フランス語版の題名は *Chemins qui ne mènent nulle part*（どこにもたどりつかない道）という。リルケのフランス語詩からとられた題名で、ハイデガーのリルケ論も収められたこの論文集にはぴったりである。この題名に定冠詞をつけて *Les Chemins qui...* とすると、「どこにもたどりつかない道が確かに存在する」ことが前提となってしまい、奇妙な感じがする。冠詞のつかない *Chemins qui...* なら、そういう道があるのかないのか不確かである余地を残す。実は、イタリアの作家ジャンニ・ロダーリに "**Le Chemin qui ne mène nulle part**" という短編があるのだが、物語は次のように始まる。「村の外れに三つの道がありました。一つめは海への道、二つめは町への道、三つめはどこへも通じていない道でした。」　この物語では、「どこにもたどりつかない道」は確かに存在しているのである。

第5章

冠詞をめぐるさまざまな謎

謎解きの旅もいよいよ終わりに近づいてきました。最終章では
ちょっと難しい冠詞の用法と向きあいます。いわば冠詞の難所をめ
ぐるわけです。第4章までの内容をしっかり理解していないと怪我
をするかもしれません。案内する私も転びそうです。でも、不思議
な冠詞の用法を理解できたとき、雨あがりの空にかかる虹を見つけ
たような気持ちになるでしょう。

この旅では、フランス語の冠詞を体系的に理解することを目指して、
3種類の冠詞の基本的な用法を取り上げて説明しました。しかし、
本書で扱えなかった冠詞の用法もあります。例えば無冠詞について
は、39課と40課で少し解説しましたが、紹介できなかった他の用
法もあります。文法書などで確認して下さい。本書を読み終えて、
これまでとは違うフランス語の世界が見えてきたら、どうぞ旅を続
けて下さい。

　第2章と第3章の旅を通して、定の指示対象、つまり話題になっている対象について話し手と聞き手に共通の認識があるもの、またはどれのことか聞き手にわかるものには定冠詞を用いると学びました。ところが小説では、どの対象のことか読者にわかるはずもないのに定冠詞が用いられることがよくあります。例 1）は小説『片目のオオカミ』の冒頭部分です。

1）Debout devant l'enclos *du loup*, le garçon ne bouge pas. Le loup va et vient. Il marche de long en large et ne s'arrête jamais.

（Daniel Pennac, *L'œil du loup*）

オオカミの檻の前で、少年はじっと立ったまま、動かない。オオカミは行ったり来たり、

同じ場所を何度も往復して、歩くのをやめない。

　物語の冒頭でいきなり現れる定冠詞つきの le garçon（少年）や le loup（オオカミ）がどういう少年またはオオカミなのか、読者はもちろん知りません。しかし読者はふつう、そこにひっかかることなく先に進むものです。なぜなら、ある物語に初めて登場する人物をあたかも既知の存在であるかのように読者に提示することが小説家には許されており、読者は作者に協力して、そうした登場人物の存在前提を自然に受け入れて架空の物語を読むからです。言語学者グラニス（Oliver Grannis）の言葉を借りるなら、話し手は聞き手に唯一性に関する共謀（conspiracy of uniqueness）を共有させるのです。つまり、物語の作者と読者は指示対象の存在前提に関して共犯関係にあると言えます。小説の地の文には、作家と読者の共犯関係によって成り立つ定冠詞がしばしば現れます。

　しかし、次の例 2）の定冠詞単数の l'hôpital については、作者と読者の共犯関係が保証する唯一の指示対象という説明は通用しません。

2）［被害者の母親に会うためにパリからニースに来た刑事が］**– Votre fille est morte.**〔...〕

– **Comment est-ce arrivé ?** 〔...〕 **Où cela s'est-il passé ?**

– **À Paris.**

– **Elle est morte à** *l'hôpital* **?**

– **Elle a été tuée. On l'a trouvée morte dans la rue.**

– **Un accident ?**

– **Un meurtre.**　　　　　　　　　　　　（Simenon, *Maigret et la jeune morte*）

「娘さんが亡くなりました」〔…〕「どんなふうに？〔…〕どこで？」「パリです」「病院で死んだの？」「事件なんです。通りで死んでいるのを発見されました」「事故なの？」「殺人です」

　作者と読者の場合と異なり、会話における話し手と聞き手は共犯関係にないので、話し手は指示対象の存在前提を一方的に聞き手に押しつけて定冠詞を用いることはできません。また、パリのような大きな都市には病院は複数ありますから、被害者が亡くなった（かもしれない）病院は一つに決まらないはずです。それなのに、例 2）で被害者の母親は定冠詞単数の l'hôpital を用いています。なぜこのような定冠詞の用法が可能なのでしょうか。これが 32 課・33 課のテーマです。

3）**Quand j'étais à Paris, je me suis tordu la cheville et je suis allée à** *l'hôpital* **pour me faire soigner. Le médecin m'a d'ailleurs très bien soignée.**　　　　　　　　　　　　　　　　　　　　　　　（小田 2012）

パリにいたとき、足首を捻挫して治療のために病院に行った。医者はたいへんよく私を診てくれた。

　例 3）では、この前に病院の話がまったくなく、話し手が診察してもらった病院がパリのどの病院なのかを聞き手が特定できなくても定冠詞単数つきの l'hôpital の使用はごく自然です。ここで思いだしてほしいのが 15 課・16 課で学んだ認知フレームの概念です。ある言語学者は、3）の l'hôpital のような名詞句は、現実世界の特定の病院を指示するのではなく、「町フレーム（city frame）」という認知フレームの中にあるステレオタイプ的な病院を表すと述べました。町フレームは病院や銀行、公園など

141

の典型的な要素を含み、l'hôpital はその町フレーム内の病院を表すという考え方です。もしその説明が正しければ、次の例 4) や 5) でも定冠詞単数の l'hôpital が使えるはずですが、実際には 4) でも 5) でも l'hôpital は使えず、不定冠詞単数の un hôpital を用いなければなりません。

  4) [パリで、技師が] **Hier, je suis allé { à *l'hôpital* / dans *un hôpital* } pour réparer le circuit électrique.** (*Ibid.*)

     昨日、電気配線の修理で病院に行ったんだ。

  5) [パリで、ある映画の撮影クルーの一人が] **La semaine dernière, on est allés { à *l'hôpital* / dans *un hôpital* } pour tourner une scène.** (*Ibid.*)

     先週、私たちはあるシーンの撮影のために病院に行きました。

　例 3) とは異なり、例 4) と 5) では話し手のいう病院がどの病院のことなのかが聞き手にわかっていなければ l'hôpital は使えません。なぜでしょうか。それは、例 3)・4)・5) それぞれの文脈で喚起される認知フレームが異なるからです。3) では「足首の捻挫」という文脈が呼び起こす「疾病・治療」フレームに病院や医師などの要素（＝役割）が含まれており、この怪我の治療フレームにおいて、話者が治療を受けた唯一の病院の存在が想定されるため、定冠詞単数の l'hôpital の使用が可能になります。つまり 3) の l'hôpital は、町フレーム内の病院ではなく、怪我の治療フレーム内の病院を表しています。しかし、4) の文脈が喚起するのは例えば「配線工事」フレームであり、この配線工事フレームには配線盤や配線図などの要素はあっても病院という要素は含まれていません。同じく、5) の文脈が喚起するのは例えば「映画・ドラマの撮影」フレームであり、このフレームには監督・カメラマン・俳優・プロジェクターなどの要素はあっても病院はありません。定冠詞つきの l'hôpital の使用には（先行文脈に明示的な先行詞がない場合には）認知フレームなど何らかの枠組みにおける病院の存在前提が必要なのですが、4) や 5) の文脈が喚起する認知フレームの中には病院という要素がないため、l'hôpital を使うことができないのです。つまり、現実世界に病院の候補が複数あって聞き手が病院を

現実に特定できない場合でも定冠詞単数の l'hôpital を使うことができるのは、発話状況や文脈が呼び起こすフレーム（例えば怪我の治療フレームや手術フレーム）内に病院という要素がデフォルトで含まれているときなのです。

　ここで例 2) に戻りましょう。2) の文脈が喚起する「死亡」フレームの中には病院や自宅といった要素（＝役割）が想定されるため、話し手は特定の病院を思い浮かべていなくても、フレーム内で役割として働く病院を l'hôpital で表すことができます。言い換えると、「病院」は人が死ぬ典型的な場所の一つとして一般に認識されています。いっぽう、「サナトリウム」は人が死ぬ典型的な場所としては捉えられていません。そのことは、次の例 6) で不定冠詞つきの un sanatorium が用いられていることからもわかります。6) の文脈で、定冠詞つきの le sanatorium を使って au sanatorium と言うことはきわめて不自然です。

6)　**– Elle n'a ni frère, ni sœur ?**

　　 – Elle a eu un frère, qui est mort dans *un sanatorium*.〔...〕

（Simenon, *Maigret et la jeune morte*）

「彼女には兄弟や姉妹はいないんですか？」

「兄（弟）がいたけど、サナトリウムで亡くなったんです〔…〕」

　例 2) から 6) で、冠詞と前置詞の組み合わせに固定化したパターンがあることに気がつきましたか。定冠詞つきの l'hôpital は前置詞 à とともに用いられ、不定冠詞つきの un hôpital と un sanatorium は dans とともに用いられています。場所を表す名詞句が何らかの認知フレーム内における要素つまり役割として働く場合、しばしば à と結びつきます。

　例 2) や 3) の定冠詞単数の l'hôpital の用法を正しく説明することが難しいのは、この指示対象の存在前提を支える枠組み、つまり認知フレームが明示的には示されておらず、話し手も聞き手もその認知フレームをはっきりと意識していないからです。次の 33 課でも、隠れた認知フレームと名詞句との関係について考えます。

32課に引き続き33課でも、明示的な先行詞のない定冠詞つきの名詞句と隠れた認知フレームとの関係について見てゆきます。

1) **Blanche : Tu sais, je vais très souvent à *la piscine* à midi, au lieu de déjeuner. Il y a pas grand monde, c'est très reposant, et puis...**

（*L'Ami de mon amie*, film d'Éric Rohmer）

ブランシュ「あのね、私、お昼には昼食をとる代わりによくプールに行くのよ。人も多くないし、疲れもとれるし、それに…」

2) ［携帯電話で］**Écoute, ma chérie, je travaille. Je dois aller livrer une pizza { à ×*la piscine* / dans *une piscine* } et je n'ai vraiment pas le temps de parler maintenant...**

（小田 2012）

ねえ、僕は仕事中なんだ。ピザをプールに配達しなきゃならないから、今は本当に話をしている時間なんかないんだって…。

話し手がプールに泳ぎに行くと言う場合、それがどのプールのことなのか聞き手にわからなくても、1) のように定冠詞つきの la piscine を使うことができます。「泳ぐ」フレームには役割としてのプールの要素が存在するからです。しかし、2) のようにピザ屋でアルバイトをしている話し手がピザの配達のためにプールに行く場合、la piscine は不適切で、不定冠詞つきの une piscine を使わなければなりません。2) が喚起する認知フレームは「泳ぐ」フレームではなく「ピザ屋」フレームであり、ピザ屋フレームはプールという要素つまり役割を含まないからです。そもそもプールは泳ぐための場所であり、ピザの配達とは本来的に何の関係もありません。

3) **Je vais passer à *la banque* pour retirer de l'argent.**　　（*Ibid.*）

お金を引き出すために銀行に寄ります。

4) **Je vais { à ×*la banque* / dans *une banque* } pour passer un entretien**

d'embauche. *(Ibid.)*

就職の面接のために銀行に行きます。

　3）では、話し手のいう銀行がどの銀行のことか聞き手にわからなくて
も定冠詞単数の la banque を用いることができますが、4）ではどの銀行
のことかが聞き手にわからなければ la banque は使えません。3）で呼び
だされる「お金を引き出す」認知フレームには銀行・ATM・カードなど
の要素が含まれているため、話し手は特定の銀行を念頭に置かずに（また
聞き手にどの銀行のことか分かってもらう必要なしに）la banque を使う
ことができますが、4）で喚起される認知フレームは「就職のための面接」
フレームで、このフレーム内には唯一の役割としての銀行はないので、la
banque は使えず不定冠詞単数の une banque が選択されます。「就職のた
めの面接と言えば、誰もが銀行に必ず行く」わけではないからです。

　聞き手が現実世界において唯一に特定できない定冠詞単数の名詞句の用
法では、病院や銀行など場所を表す名詞が多いことが知られています。こ
れは、病院や銀行、警察署、郵便局、映画館、薬局などが用途・目的の決
まった施設であり、何らかの認知フレームと結びつきやすいからです。例
えば、銀行ではお金を預けたり下ろしたりする、郵便局では手紙や小包を
送ったりするというように、我々の知識のネットワークであるさまざまな
認知フレームには、ある種の施設・場所とそこで行われる典型的な行動を
結びつけた知識が関係の網の目となって収納されています。そのため、場
所や施設を表す名詞 X は認知フレームの中の一要素となって役割として
の存在前提を持ち、定冠詞単数の le X として用いられやすいのです。

　ところで、「病院」は怪我や病気の治療を受ける場所であると同時に死
ぬ場所の一つの典型としても認識されていると 32 課で述べました。次の
5）が示すように、「戦争」もまた、死ぬ場所として認識されています。

5）J'ai voulu mourir à *la guerre* :

　　La mort n'a pas voulu de moi.

（Paul Verlaine, « La Chanson de Gaspard Hauser », *Cellulairement*）

僕は戦争で死にたかった。だが死は僕をのぞまなかった。

　mourir à *l'hôpital* や mourir à *la guerre* という表現は、病院や戦争が唯一に特定されていない文脈でも適切な表現です。しかし、×mourir à *la mer* や×mourir à *la montagne* とは言いません。戦争は一つの典型的な死に場所であると言えますが、海や山は死ぬための場所ではないからです。海や山はむしろ「休暇を過ごすための場所」として認知フレーム化されて（＝文化的に規定されて）おり、どの海や山でバカンスを過ごすのかを明らかにしなくても passer les vacances à *la mer*（海で休暇を過ごす）や passer les vacances à *la montagne*（山で休暇を過ごす）と言えます。このように、定冠詞つき名詞句が何らかの認知フレーム内の役割として働き、動詞と結びついてイディオム（慣用句）を形成することがよくあります。例えば、aller au restaurant は文字通りには「レストランに行く」の意味ですが、どのお店に行くのかは問題ではなく、自宅で食べるのではなく「外食する」という意味の熟語になっています。また、aller au cinéma における le cinéma は特定の映画館を指示しておらず、aller au cinéma という動詞句全体で「映画を見に行く」という慣用句を形成しています。

　さきほど、×mourir *à la mer* とは言わないと述べましたが、実は mourir *en mer* という表現は存在し、これは船乗りが海難事故で亡くなることを意味します。前置詞 en が場所を表す無冠詞の名詞とともに用いられるとき、その場所は往々にして行為主体の職業と結びつきます。

6) **a. Paul est *à la cuisine*.**

　b. Paul est *dans la cuisine*.

　c. Paul est *en cuisine*.

　例 6) の a から c はいずれも「ポールは台所にいる」と訳せますが、être à la cuisine は「台所の本質的な機能と関わる用事のために台所にいる（例えば台所で料理をしている）」ことを、être dans la cuisine は「物理的な場所としての台所にいる（料理中とは限らない）」ことを、être en cuisine は「料理人がお店の厨房にいる」ことを意味します（Paul が猫なら dans で

すね）。7）の en cuisine も「料理人が厨房にいる」ことを表します。

7）〔女性料理人のドキュメンタリー映画についての記事〕

Le problème n'est pas qu'il n'y a pas de femmes *en cuisine* : c'est qu'on ne sait pas les chercher.　　　　　　（*Le Monde*, 05/07/2017）

問題は、女性（の料理人）が厨房にいないということではなく、探そうともしないということ。

　何らかの認知フレーム内に存在前提を持つ定冠詞つき名詞句が場所以外の指示対象を表すこともちろんあります。例えば、ふつうレストランにはメニュー表は複数部数ありますが、ウェイターに Je peux avoir *la carte*?（メニューをいただけますか）と聞くときに定冠詞単数の la carte が用いられるのは、「店で食事をする」フレームの中にウェイター・メニュー表・勘定などの要素があり、お店で注文をするという発話状況によって活性化されたこのフレーム内に la carte が存在前提を持つからです。また、ティーポットの紅茶を持って「お茶、飲む?」と聞くときは Tu prends *du thé*? と聞きますが、お茶に誘うという状況では prendre *le thé* という表現も用いられます。例 8）はエルザがセシルに言う発話です。

8）〔...〕**Enfin, si, il m'a invitée à prendre *le thé* avec lui au village, pour lui montrer que je n'étais pas rancunière, et que j'étais large d'idées, évoluée, quoi !**　　　　（Françoise Sagan, *Bonjour tristesse*）

〔…〕彼は村で一緒にお茶を飲もうって誘ってくれたの。私が恨んでないことを見せてくれって。それから、私が心が広くて進歩的だってことも!

　例 8）の le thé は具体的なお茶を指示しておらず、prendre le thé は「お茶を飲みながら話をする」という熟語を形成しています。実際のデートでエルザが注文するのがコーヒーでもちっとも構わないのです。

　定冠詞単数の名詞句は何らかの枠組みにおいて一つに決まる指示対象を表しますが、その枠組みは必ずしも明示的ではなく、また指示対象が現実世界の特定の事物と結びつかないこともあります。定冠詞つき名詞句はしばしば隠れた認知フレームにおける要素つまり役割を表すのです。

　34課と35課では、属格（＝所有格）の de Y をともなう《 X de Y 》型の複合名詞句について考えます。なお、34課・35課の例の《 X de Y 》型名詞句は照応的でも現場指示的でもなく、初出の名詞句と考えて下さい。

1）**J'ai heurté** *le coin du bureau.*　　　　　　　　　　　（Corblin 1987）

　　私は机の角にぶつかった。

2）**Elle a pincé** { ×*la corde de la guitare* / *une corde de la guitare* }.

　　彼女はギターの弦をはじいた。

　机（bureau）にはふつう角（coin）が四つありますが、1）の le coin du bureau は、この机に角が一つしかないことを意味しません。それに対し、ギターには複数の弦（corde）があり、2）の la corde de la guitare はこのギターに弦が1本しかないことを含意してしまうため、その含意を回避するには不定冠詞を用いて une corde de la guitare と言う必要があります。1）の「机の角」と2）の「ギターの弦」の違いは何でしょうか。言語学者ポエジオ（Poesio）は、1）の le coin du bureau のように現実には唯一の指示対象 X を特定できない定冠詞単数つき le X を**弱定名詞句**（weak definites）、弱定名詞句の持つ解釈を**弱解釈**（weak interpretation）と呼びました。

　この謎を解くには、《 X de Y 》型名詞句における X と Y の関係について考える必要があります。X de Y という複合名詞では、属格名詞の Y を基点として X にアクセスして名詞句全体を解釈しますが、X と Y の結びつきの強さ、関係性の度合いはさまざまです。ここでは、関係性の度合いに従って名詞を A. **本質的関係名詞**、B. **偶然的関係名詞**、C. **非関係名詞**の三つに分類することにします。まず、A. 本質的関係名詞とは「何らかの支えなしには存在できない名詞」のことで、親族名称や身体部位を表す名詞の他、（机の）角や（テーブルの）脚、（ギターの）弦、（本の）ページ、

（飛行機の）翼など全体と部分の関係を含む名詞などがあります（本書では親族名称と身体部位名詞は扱いません）。次に、B. 偶然的関係名詞とは「何らかの対象に帰属すると考えることもできるが、独立して捉えることもできる名詞」のことです。例えば、映画や小説、絵、論文にはその制作者が存在しますが、監督や著者、画家について問題にすることなくその映画や小説について話をすることができます。最後に、C. 非関係名詞とは「本来的には何ものにも帰属しない名詞」（所有は可能）のことで、猫やペンギン、向日葵、万年筆、パソコン、時計、俳優などが挙げられます。

　Y が定冠詞つき名詞の « le X de + le Y » が弱解釈される（つまり現実世界に X が複数あって、唯一性の制約が無効になってしまう）のは、X が本質的関係名詞であり、次の二つの条件が満たされたときです。条件 1 は「その文脈において X の表す指示対象のアイデンティティは重要ではない」こと、条件 2 は「Y を構成する X の個々の要素が均質で同形であり、X の数が比較的少ない」ことです。例 1）では「机の角にぶつかって痛かった」ということが大事なのであり、四つある角のうちのどの角にぶつかったのか（＝ X のアイデンティティ）は問題ではありません。これが条件 1 です。またオーソドックスな机の角は四つ（＝少数）で、その四つの角はふつう同じ形をしていますから、条件 2 も満たされています。この二つの条件と弱解釈の関係について、他の例も見て確認しましょう。

3）**Il a trébuché contre *le pied de la chaise*.** 　　　　　　　（小田 2012）
　　彼は椅子の脚につまずいた。

4）**J'ai trouvé un petit mot glissé sous *l'essuie-glace de ma voiture*.**
　　私は車のワイパーの下にメモが挟まっているのを見つけた。

5）**Sur *le bord de la rivière Piedra*, je me suis assise et j'ai pleuré.**
　　ピエドラ川の岸に座って私は泣いた（注：仏語は Paulo Coelho の本の題名）

　椅子にはふつう 4 本の脚がありますが、彼がつまずいたのがそのうちのどの脚なのかはふつう問題になりませんから、3）の le pied de la chaise は自然です。また、一般に車にはワイパーが複数ありますが、4）では「ど

のワイパーにメモが挟んであったのか」は問題ではなく「メモが残されていたという事実」が大事なのです。川には常に二つ岸（bord）がありますが、「ピエドラ川のどちら側の岸に座ったのか」は重要な情報ではないので、5）の le bord de la rivière Piedra も自然に解釈されます。ところが、次の例 6）と 7）では le pied de la chaise は使えません。

6) **Un jeune homme est venu hier dans le magasin avec une chaise que quelqu'un avait abîmée. {** ×*Le pied de la chaise / Un pied de la chaise* **} était fêlé à deux endroits. Le pied devait être remplacé.**

> 昨日、若い男が店に、誰かが壊してしまった椅子を持ってきた。椅子の脚の1本が二カ所で割れていた。脚は取り替えなければならなかった。

7) **Pendant mon absence, Julien a peint {** × *le pied de la chaise / un pied de la chaise* **} en rouge.**

> 私が留守のあいだに、ジュリアンは椅子の脚の1本を赤く塗った。

6）の「椅子の脚が折れたので取り替えなければならない」という文脈や 7）の「椅子の脚を赤く塗った」という文脈では、le pied de la chaise は弱解釈されず、その椅子には脚が1本しかないという含意が生じてしまいます。6）と 7）の椅子に複数の脚があって、そのうちの1本の脚についての話であれば、un pied de la chaise を使わなければなりません。3）では「椅子のどの脚につまずいたか」は重要な情報ではありませんが、6）と 7）は「椅子の4本の脚のうちのどの脚なのか」に注意が払われる文脈なので、弱解釈が成り立つための条件1が満たされていないのです。

次に、弱解釈が成り立つための条件2について考えましょう。

8) **Le chat a touché {** ×*la corde du violon / une corde du violon* **}.**

> 猫はヴァイオリンの弦に触れた。

9) **Je suis allé dans un café pour acheter des cigarettes. La radio passait {** i.× *le mouvement du concerto pour violon* / ii. *un mouvement du concerto pour violon* / iii. *le premier mouvement du concerto pour violon* **} de Beethoven.**

150

私はタバコを買うためにカフェに行った。ラジオはベートーベンの {i. ヴァイオリン協奏曲の楽章 / ii. ヴァイオリン協奏曲のある楽章 / iii. ヴァイオリン協奏曲の第 1 楽章} を流していた。

　例 8）の la corde du violon は、そのヴァイオリンに弦が 1 本しかないという解釈を強制し、弱解釈は成立しません。ヴァイオリンには 4 本の弦があり、その 4 本の弦は対称的で互いに似通っているように見えますが、弦の 1 本 1 本は異なる音、異なる機能を持っており、厳密には均質ではないからです。つまり、条件 2 に違反しています。例 9）についても同様で、協奏曲は三つの楽章から構成されることが多いですが、i. *le mouvement du concerto pour violon de Beethoven* の弱解釈が成り立たないのは、協奏曲における個々の楽章は独立性・個別性が高いものであり、三楽章の総体が不均質なものと捉えられるからです。これを自然な文にするには、ii. *un* mouvement du concerto pour violon... のように不定冠詞を用いるか、iii. *le premier* mouvement du concerto pour violon... のようにどの楽章のことであるかを明確にする必要があります。

　次の 10）・11）は、X の数が多すぎるために弱解釈が難しい例です。

10）J'ai trouvé { × *le cheveu de Véra* / *un cheveu de Véra* } dans mon lit.

私はベッドでヴェラの髪の毛を見つけた。

11）Camille a arraché { × *la page du cahier* / *une page du cahier* } pour prendre des notes.

カミーユはメモをとるためにノートのページを破った。

　10）の le cheveu de Véra は「ヴェラには髪の毛が 1 本しかない」という解釈を含意します。これは、髪の毛（=X）が夥しい数であること、また髪の毛 1 本に焦点が当てられ、この文脈において X のアイデンティティが重要であると感じられることが関係しています。11）の la page du cahier が「そのノートにはページが 1 枚しかない」という解釈になるのも、ノートを構成するページの数が多いことに起因しています。Y を構成する X が均質で同形であっても、X の数が多すぎると弱解釈されないのです。

35課 «X de Y» 型の複合名詞句について (2)

34課では、名詞 X には本質的関係名詞・偶然的関係名詞・非関係名詞の3種類があることをふまえ、X が本質的関係名詞であるときに « le X de + le Y » が弱解釈される（＝現実世界には X が複数あっても文の解釈において唯一性が含意されない）条件について考えました。引き続きこの課でも、« X de Y » 型の複合名詞句について検討します。

X が本質的関係名詞であっても、Y が不定冠詞つきの名詞である « le X de + un Y » はきわめて容易に弱解釈されます。次の例1）a と b は、楽器店にいる話者が携帯電話での通話中にギターまたはピアノをいじり、通話の相手に「今のは何の音？」と聞かれて答える言葉です。その楽器店にはギターもピアノも複数あると仮定します。

1）a. J'ai pincé *la corde d'une guitare.*　　ギターの弦をはじいたんだ。

　　b. J'ai appuyé sur *la touche d'un piano.*　ピアノのキーを押さえたんだ。

2）Camille a arraché *la page d'un cahier* pour prendre des notes.

　　　カミーユはメモをとるためにノートのページを破いた。

例1）a ではギターに弦が1本しかないという唯一性の含意は生じず、1）b でもピアノにキーが一つしかないという含意は生じません。そして、la corde d'une guitare も la touche d'un piano も自然な表現なのです。2）でも、このノートにページが1枚しかないという含意はなく、la page d'un cahier は自然に弱解釈されます。

ここからは、X が偶然的関係名詞または非関係名詞である « X de Y » 型の名詞句の弱解釈について考えます。X が偶然的関係名詞または非関係名詞のとき、属格 Y が定冠詞や指示形容詞つき名詞句や固有名詞であれば « le X de + le Y » は弱解釈されずに X の唯一性が含意されますが、属格 Y が不定冠詞つき名詞句であれば « le X de + un Y » は弱解釈されます。

3）**J'ai acheté { *le dessin de Modigliani / un dessin de Modigliani* } dans une galerie à Paris.**

私はパリのあるギャラリーでモディリアニのデッサン画を買った。

4）**J'ai vu cette actrice dans { *le film de Godard / un film de Godard* }.**

私はこの女優をゴダールの映画で見たことがある。

5）**J'ai dessiné { *le poisson rouge de Paul / un poisson rouge de Paul* }.**

僕はポールの（飼っている）金魚の絵を描いた。

　3）の le dessin de Modigliani は「モディリアニはたった1枚しかデッサンを残さなかった」という唯一性を含意し、4）の le film de Godard は「ゴダールは生涯に映画を1本しか撮らなかった」という唯一性を含意し、いずれも弱解釈されません。モディリアニはデッサンを何枚も描いていますし、ゴダールも映画を何本も撮っていますから、事実を正しく伝えるには、不定冠詞を用いて un dessin de Modigliani / un film de Godard と言う必要があります。また、5）の le poisson rouge de Paul も「ポールは金魚を一匹しか飼っていない」という唯一性を含意します。ポールが何匹も金魚を飼っているなら、un poisson rouge de Paul と言うのが適切です。それに対し、属格 Y が不定冠詞つき名詞句であれば、« le X de + un Y » では X の唯一性は含意されず、常に弱解釈が成立します。

6）**J'ai acheté *le dessin d'un peintre* aux enchères de Christie's.**

私はクリスティーズのオークションである画家のデッサン画を買った。

7）**J'ai vu cette actrice dans *le film d'un réalisateur français*.**

私はこの女優をあるフランス人の監督の映画で見たことがある。

8）**J'ai dessiné *le poisson rouge d'un ami*.**

僕は友達の（飼っている）金魚の絵を描いた。

9）**Un petit papier trouvé dans *le livre d'une bibliothèque* a changé la vie de la jeune fille.**

ある図書館の本に挟まれていた小さなメモが少女の人生を変えた。

　6）では、その画家が多くのデッサン画を残している可能性もあります

し、7) でもフランスの映画監督が複数の映画を撮っていても構いません。8) でも友達は金魚を 2 匹以上飼っているのかもしれません。9) でも、図書館には一般に何万冊もの蔵書があるものです。例 6) から 9) の « le X de + un Y » 型名詞句では X の唯一性は含意されず、弱解釈されるのです。

　以上より、X が本質的関係名詞であろうと偶然的関係名詞または非関係名詞であろうと、属格 Y が不定冠詞つきの名詞句であれば、« le X de + un Y » は常に弱解釈され、X の唯一性は含意されないことがわかります。これは、属格 Y を不定名詞句とする « le X de + un Y » 型の名詞句では、任意の不定要素である Y を起点として X が定義されるため、« le X de + un Y » が全体としてあたかも不定の名詞句のように働くからです（X の前に定冠詞があっても！）。このとき、現実世界に X が複数存在しても X の個々の要素の個別性は捨象され、X は一種の役割のように機能しています。

　フランス語では、不定冠詞つきの属格名詞 Y によってある種の限定を受けることになって « X de + un Y » 型の複合名詞句の X の前に定冠詞がつくことがよくあります。しかし、« le X de + un Y » 型の名詞句は全体としては不定の名詞句として振る舞います。次の 10) では l'adresse には定冠詞がついていますが、属格の un restaurant は不定の名詞句ですから、ウォードが赴いたレストランの住所は読者にはわからないのです。

10) **Le portier leur appelle un taxi. Ward donne *l'adresse d'un restaurant de la Madeleine.*** (Simenon, *Maigret voyage*)

ホテルのドアマンは彼らのためにタクシーを呼んだ。ウォードはマドレーヌ広場界隈にあるレストランの住所を伝えた。

11) **– Ce ne sera rien, *la fatigue d'un voyage rapide*, voilà tout.**

(Alexandre Dumas fils, *La Dame aux camélias*)

「何でもありません、急ぎの旅で疲れが出たのです。それだけです」

　最後に、属格 Y が無冠詞名詞のときの « X de Y » 型名詞句について考えます。X が Y にとっての本質的関係名詞であれば、属格 Y が不定冠詞つきの « le X de + un Y » は、属格 Y が無冠詞の « un X de Y » にしばしば置

き換えられます。例えば、la corde d'un violon（ヴァイオリンの弦）は une corde de violon に、l'aile d'une voiture（車のフェンダー）は une aile de voiture に、l'aiguille d'une montre（腕時計の針）は une aiguille de montre に、le mouvement d'un concerto（協奏曲の楽章）は un mouvement de concerto に置き換えることができます。重要なのは、属格 Y が無冠詞であれば、« X de Y » の Y には現働化が働かず、Y が特定の指示対象を指すことはないということです。例えば、un conseil d'ami（友人としての忠告）の ami は特定の友達も不特定の友達も表さず、ただ概念としての友達を表しています。次の 12）の主語の Elle は子供ではなく、un sommeil d'enfant（子供のような眠り）の enfant は概念としての子供を表します。

12）Elle a fermé les yeux. Elle dort d'*un sommeil d'enfant*.

（Patrick Modiano, *Rue des Boutiques Obscures*）

彼女は目を閉じた。子供のように（＝穏やかに）眠っている。

13）Quelques serviteurs incorruptibles et quelques amis dévoués surent seuls *le secret de la famille*, et le gardèrent fidèlement.

（George Sand, *Consuelo*）

数人の清廉な召使いと献身的な友人たちだけがこの家族の秘密を知っており、誰にももらさず忠実に秘密を守っていた。

14）[姪への手紙で] Gardez-vous bien de montrer mon brouillon à qui que ce soit au monde ; ceci est *un secret de famille*, excepté pour M. De Florian. （Voltaire, *Correspondance, 15 juin 1759*）

私の草稿は誰であろうと見せないで下さい。これは家族の秘密なのです。ド・フロリアン氏ならいいのですが。

13）の le secret *de la famille* は特定の家族の特定の秘密を表しますが、14）の un secret *de famille* では無冠詞の famille は特定の家族を表しません。de famille は、秘密がどういう種類のものか、誰に関わるものかを説明する修飾語句として secret にかかっています。secret d'État（国家機密）の État も特定の国家は表さず、「国家レベルの」秘密であることを表します。

部分冠詞の不思議な用法

この課では、ちょっと不思議な部分冠詞の用法について考えます。

部分冠詞に可算の指示対象を不可算的に捉えさせる働きがあることは、21課で学びました。例えば、もともと可算的な指示対象を表す名詞 X に部分冠詞をつけると、X が動物の場合は X の肉を表す物質名詞になったり、1）のように X の属性や特徴を表す抽象名詞になったりします。

1）– Elle te ressemble, Thérèse, sais-tu cela ? Elle a un peu *du sphinx*, et je ne m'étonne pas de ta passion pour son mystérieux sourire.
〔...〕
(George Sand, *Elle et lui*)

「彼女は君に似ているよ、テレーズ、それをわかっているかい？　彼女には少しスフィンクスのようなところがある。君が彼女の神秘的な微笑みに夢中になるのも無理はないよ」

ところで、ギレルモ・デル・トロ監督の映画『シェイプ・オブ・ウォーター』のフランス語版（*La Forme de l'eau*）に、2）のような台詞があります。

2）Monsieur, ça, ça... ! Ça, c'est *de la belle voiture* ! C'est... comment vous dire... ? Vous devez vous régaler au volant !

ムッシュー、これはこれは！　なんて素晴らしい車でしょう！　何というか…。この車を運転するのは、さぞ楽しいでしょうね！

一台の高級車を前にして、なぜ2）のように部分冠詞を用いて « c'est *de la belle voiture.* » と言えるのでしょうか（これは「素敵な車の部品がある」という意味ではありません）。車は可算名詞ですから、不定冠詞を用いて « c'est *une belle voiture.* » と言うのがふつうではないでしょうか。この謎を解くには、この部分冠詞の用法のもととなった定冠詞単数の機能に立ち返る必要があります。27課・28課で、総称的用法の定冠詞単数 le X は、Y や Z などその他の種と対比され、X に固有の本質的な特徴を述べるのに用いられると学びました。そこから « C'est le X. » は「これが典型的な

156

X だ」または「これこそ理想的な X だ」を意味することになります。

3）Cet homme, il ne se trouvait bien nulle part, il était tout le temps en train de courir. Alexandre, c'était *l'homme pressé* !

（*La Nuit américaine*, film de François Truffaut）

あの男は、どこにも落ち着いていられなかった。いつも走り回っていた。アレクサンドルは、まさに典型的な急ぐ男だったよ！

4）C'est *la vie*. これが人生ってものさ。

5）C'est *la guerre* ! これが戦争なんだ！

3）の c'était l'homme pressé ! や 4）の C'est la vie.、5）の C'est la guerre! の le X が「典型的な X」や「理想的な X」を表す例です。この単数定冠詞つき名詞句 le X に「集合からの抽出（または集合への帰属）」を表す前置詞の de がつくと、« C'est du X / de la X. » は「典型的な X」の具体例を表すようになります（*cf.* 朝倉 1967）。つまり、2）の « Ça, c'est de la belle voiture. » は、典型的な la belle voiture の具体例を示しているわけです。とある鉄道ファンが運営する Facebook のページ名の « Ça c'est du train. »（これこそ汽車だ）においても同じメカニズムが働いています。このように、発話状況にある X や話題になっている X について「これこそ理想的な（典型的な）X だ」と言うとき、まず指示代名詞の ça で取り上げて主題化し、« Ça, c'est du X. » の形式になるのが一般的です。

次の 6）の de la fraise や 7）の du saumon、8）の de la perdrix や de l'ortolan の部分冠詞の用法も 2）と同じように説明することができます。

6）Il y a *de la fraise* dans ce bois.　　　（*Le Grand Robert 2018*）

この森にはイチゴが自生している。

7）Il y a une rivière en Macédoine. Il y a aussi une rivière à Monmouth. 〔...〕 elles se ressemblent comme l'un de mes doigts ressemble aux autres, et dans toutes deux il y a *du saumon*.

（Shakespeare, *Henri V,* traduit par Benjamin Laroche）

マケドニアには河がある。モンマスにも河がある。〔…〕二つの河は、私の指がどれも似

ているようにそっくりで、どちらの河にも鮭がいる。

8) Joseph : **Mais vous m'avez dit qu'il n'y avait pas de gibier dans vos collines !**

François : **Hein ? Du gibier ? Non ! Mais *de la perdrix*, *de l'ortolan*, *de la lièvre*, ça oui ! À condition de savoir les attraper !**

(*La gloire de mon père*, film de Yves Robert)

ジョゼフ「でも、ここの丘には獲物はいないって言ったじゃないか！」

フランソワ「獲物だって？ いないさ！ でも、ヤマウズラやズアオホオジロや野ウサギならいるさ！ 捕まえられれば、の話だが！」

（注：標準フランス語では lièvre は男性名詞だが、南仏のオック語の lèbre が女性名詞なので、lièvre を用いながらも女性名詞として扱っている）

　言語学者ブリュノ（Ferdinand Brunot）は、« *La truite* abonde dans cette rivière. »（この川には鱒がたくさんいる）において種を表す単数定冠詞の用法から « Il y a *de la truite* dans ce lac. »（この湖には鱒がいる）のような部分冠詞を用いた用法が派生したと述べています。同じく 6)の de la fraise や 7) の du saumon、8) の de la perdrix / de l'ortolan / de la lièvre でも、種を表す定冠詞単数の la fraise / le saumon / la perdrix, *etc.* に集合からの抽出を表す前置詞の de がついて、イチゴや鮭、ヤマウズラなどの具体例の存在を表すことになります（*cf.* Kleiber 1990）。

　さらに興味深いのは、次の 9) や 10) のように、可算的な名詞 X に部分冠詞を用いて、その X が大量にある（いる）ことを表す用法です。

9) **Bison futé voyait rouge ce week-end là. C'est vrai qu'il y avait *de la voiture* sur les routes, mais *de la belle*, les Simca qui filaient sur le pays Basque, les 2 CV qui descendaient dans les Landes, un rassemblement de 4x4, des Ferrari dans Beaune.** （Internet より）

ビゾン・フュテ（交通情報センター）はその週末、大渋滞（＝赤）を予想していた。確かに、道路は車であふれかえっていた。それも見事な車ばかりだ。バスク地方をシムカが走り抜け、2CV がランド地方を南下し、ボーヌではフェラーリや四輪駆動車が集まった。

158

10) Légende : Le commissaire Maigret sortant d'une conférence avec
le milliardaire Van Meulen. 〔...〕

Les journaux de Paris imprimaient en gros caractères :

**UN MILLIARDAIRE ANGLAIS TROUVÉ MORT
DANS SA BAIGNOIRE**

On mettait *du milliardaire* partout. 　　　　(Simenon, *Maigret voyage*)

（新聞の）写真のキャプション：億万長者のヴァン・ムーレン氏と協議したメグレ警視。

〔…〕パリの新聞は大見出しを付けていた：

イギリスの億万長者、浴槽で死体で発見さる

あちこちに「億万長者」の文字があった。

9) の de la voiture は車の多いこと、10) の du milliardaire は億万長者
という言葉がたくさん使われていることを表します。このような du X の
用法では、ある時空間にすきまなく X が広がっている印象を受けます。
部分冠詞つき名詞 du X によって X の数量がおびただしいことを表しうる
のは、本来は可算的な指示対象 X をあえて不可算的に捉えることによっ
て特別な意図が生まれるからだと考えられます（*cf.* 朝倉 1967）。

ところで、« C'est ... X. »「これこそ理想的な X だ」の X につく冠詞は
定冠詞だけではなく、次のように不定冠詞も部分冠詞も用いられます。

11) ［パリ植物園の温室で］ **Ça, c'est *un jardin*.**

　　　　　　　　　　　　　　　　(Henri Cueco, *Dialogue avec mon jardinier*)

これこそ庭ってもんだよ。

12) **Roger aimait Wagner. Il disait : « C'est beau, ça fait du bruit, c'est
de la musique. »** 　　　　(Françoise Sagan, *Aimez-vous Brahms...*)

ロジェはワーグナーが好きだった。彼は言っていた、「なんと美しい。音も大きいし、こ
れこそ音楽だよ」と。

ここでは « C'est ... X. » を用いて指示対象をカテゴリー化（範疇化）し
ており、可算の対象については不定冠詞、不可算の対象については部分冠
詞が用いられています。

固有名詞と冠詞（1）

　フランス語では、国名には定冠詞がつきますが、人名には基本的に冠詞がつきません。ふつう無冠詞で用いられる人名に冠詞がつくと、その指示対象に何らかの意味的限定や意味的拡張が加わることになります。37課と38課では、固有名詞が冠詞をともなう例について考えます。

　フランス語では、名字 X に定冠詞複数 les がつくと「X 家の人々」を表し、不定冠詞 un がつくと「X 家の一員」を表します。X という名前の人の集合が les X であり、その集合から一人を抽出したのが un X です。

1）Des secrets de famille, *les Claudel* en avaient plus d'un.

（*Le Monde*, 24/11/2017）

　　　家族の秘密というものが、クローデル家には一つならずあった。

　ロジェ・マルタン・デュ・ガールの長編小説 *Les Thibault*『チボー家の人々』の英語の題名 *The Thibaults* が示すように、英語では定冠詞 the に加えて名字に -s を付加しますが、フランス語では -s はつけません。ただし王家については Les Bourbons（ブルボン王家）のように -s がつきます。人名 X に不定冠詞 un がつくと「X という名前の人」の意味にもなります。

2）– Comment vous appelez-vous ? demanda-t-elle.

　　– Hubert Péricand.

　　– N'y a-t-il pas *un Péricand* conservateur du musée des Beaux-Arts ?

　　– C'est mon père, madame.　　　　（Irène Némirovsky, *Suite française*）

　　「お名前は？」と彼女が尋ねた。

　　「ユベール・ペリカンです」

　　「美術館の学芸員にペリカンという名前の人がいなかったかしら」

　　「僕の父です」

　次の3）や4）のように、歴史上著名な人物の名前や有名な小説の登場人

物の名前に冠詞がつくと、その人物の業績・経歴や属性をふまえた「〜のような人」の意味を表します。この用法でも、「X のような人」の集合として les X が構築されていると考えられます。

3）〔31 課の例 6）の続き〕**Je me regardais presque comme *un autre Colomb.***

（Jean-Jacques Rousseau, *Les Rêveries du promeneur solitaire*）

私は自分をまるでもう一人のコロンブスのように思っていた。

4）Il n'y a de sentiments entièrement purs que chez les femmes entièrement chastes. *Toute Manon* peut faire *un Des Grieux*, et〔...〕.

（Alexandre Dumas fils, *La Dame aux camélias*）

純真無垢な感情というものは真に純潔な女にしかないものだ。マノンのような女は必ずデ・グリューのような男を作ってしまうものだ〔…〕。

小説の登場人物名 X に冠詞がつき、小説をそこまで読んできた読者にその人物の属性が把握されることによって Un X が「X のような人」を、les X が総称的に「X のような人々」（＝例 5）を表すこともあります。

5）Je méprisai soudain les dîners tumultueux, les Sud-Américains, *les Elsa*. Un sentiment de supériorité, d'orgueil, m'envahissait.

（Françoise Sagan, *Bonjour tristesse*）

不意に私は、騒がしい夕食やあの南米人のような男たちやエルザのような女たちを軽蔑する気持ちになった。優越感と自尊心が私の中に広がっていた。

芸術家の名前に冠詞がつくことで、その人の作品を表す用法もあります。これにはメトニミー（換喩）と呼ばれる修辞法が関わっています。メトニミーとは、例えばフランスの外務省をその所在地である Quai d'Orsay（オルセー河岸）で言い換えるように、「あるものを表すのに、それと密接な関係にあるもので置き換える」修辞法です。

6）Le libraire : Alors, que voulez-vous ?

　　　Charles : Je pencherai assez pour *un Balzac.*

（*Les Cousins*, film de Claude Chabrol）

本屋「では、何がお好みですか」　シャルル「バルザックにひかれるね」

7) On avait volé à G. deux tableaux : *un Laurencin, un Picasso*.

(Paul Morand, *Journal inutile*)

G. は絵を2枚盗まれた。ローランサンの絵とピカソの絵である。

6) の un Balzac はバルザックの小説 (1冊) を表しますが、このとき un roman de Balzac から roman de が省略されて un Balzac が派生したわけではありません。もしそのような省略があるなら、「ロダンの彫刻」は女性名詞 sculpture をもとにした une Rodin になるはずですが、実際は un Rodin になります。また、女性の画家の作品であっても un Laurencin のように冠詞は男性形の un を用います。フランソワーズ・サガンの小説なら un Sagan になります。このように、小説や絵画・彫刻作品の場合は「不定冠詞 un ＋芸術家名」でその人の作品を表すことができます。

音楽の場合は少し事情が異なり、「不定冠詞 un ＋音楽家名」はその音楽家の CD またはレコードを表すことが多いようです。次の 8) は不定冠詞 un の例ではありませんが、les Mozart の les と quelques Brahms の quelques は、これが可算化された名詞であることを示しています。

8) Et, en même temps, elle déplorait que ce soit dimanche et qu'elle ne puisse se précipiter tout de suite dans une boutique en vue d'acheter *les Mozart qu'elle aimait* et *quelques Brahms*.

(Françoise Sagan, *Aimez-vous Brahms...*)

同時に彼女は、今日が日曜で、自分の好きなモーツァルトのレコードとブラームスのレコード何枚かを買いにお店にすぐに駆けつけられないのを残念に思った。

音楽そのものを表す場合は不可算で「部分冠詞 du ＋音楽家名」を用いて作品全体から抽出した一部を表します。9) の du Brahms は、小説の文脈を考慮するとブラームスの協奏曲を1曲通してラジオで放送したと考えられますが、10) の du Czerny はツェルニー作品の一部と解釈できます。

9) On diffusait un concert qu'elle coupa, puis auquel elle revint faute de mieux. C'était *du Brahms*, disait le speaker, d'une voix chevrotante, et les applaudissements crépitaient.

(*Ibid.*)

ラジオではコンサートの中継をしていた。彼女はいったんそれを切ったが、他にいいものがないのでそれに戻ってきた。「曲はブラームスでした」とアナウンサーが震え声で言い、拍手が響いていた。

10）**Il y a bien trois ans que tu ne travailles plus...〔...〕Tu ne pourrais pas jouer *du Czerny* à l'heure actuelle ;〔...〕**　　　(F. Sagan, *La Laisse*)

ピアノをまともに練習しなくなってからもう 3 年くらいになるだろ。〔…〕今はツェルニーだってちゃんと弾けないんじゃないか。〔…〕

人名に部分冠詞がつくと不可算化し、人物とその属性を結びつけるメトニミーが働いて、11）のようにその人物の性質を表すこともあります。

11）［クロード・ルルーシュの映画『レ・ミゼラブル』の登場人物について］

Comme dans le double masque de la comédie, il y a chez lui *du Valjean* et *du Thénardier*.　　　(Jean-Philippe Chatrier, *Les Misérables*)

表と裏に（前と後ろに）顔を持つ演劇の仮面のように、彼にはジャン・ヴァルジャン的なところとテナルディエ的なところがある。

普通名詞 X が不可算化して「X らしさ」を表す場合、Il y avait *de la femme* en lui.（Balzac, « La Grenadière »）（彼にはどこか女性的なところがあった）の *de la* femme のように、部分冠詞は名詞の性に従います。しかし固有名詞の場合は、次の 12）の *du* Jeanne d'Arc が示すように、その人物が女性であっても部分冠詞は男性形の du がつきます。

12）**Il y avait *du Jeanne d'Arc* en cet adolescent patriote, revanchard, prêt à donner sa vie pour la liberté.**　　　(Pierre Willi, *Le Mystère Verwoorde*)

自由のためには死も恐れず、愛国心にあふれ、復讐に燃えるこの若者には、ジャンヌ・ダルクのようなところがあった。

女性なのに un Laurencin や du Jeanne d'Arc と男性形になるのは、作者から作品のようなメトニミーが働くと抽象的なレベルに移行することと、フランス語が男性形優位の言語であることが関係しています。男性形は無標の形であり、男性であると同時に無性でもあります。男性形の chat は雄猫も雌猫も表すのに、女性形の chatte は雌猫しか表しませんよね。

固有名詞と冠詞（2）

　この 38 課では、地名や人名などの固有名詞が形容詞や関係節などの修飾語句をともなう場合の冠詞について考えます。フランス語では国名には基本的に定冠詞がつきますが、6 課で少し触れたように、本来は唯一のものである指示対象 X に形容詞や関係節などがつくと、複数化された X の集合が構築され、その集合から取り出された一つの X が不定冠詞をともなうようになります（*cf.* 東郷 2011、川島 2011）。次の 1）は、南アフリカ共和国のある小学校の教室で白人の子供たちが中央のテーブルに、黒人の子供たちが隅のテーブルに分かれて座る写真がメディアに発表されて物議を醸した際に民主同盟（Alliance démocratique）が発表した談話です。

1）Nous ne construirons *une Afrique du Sud pour tous* que si nous sommes tous assis à la même table. （*Le Monde*, 11/01/2019）

　　私たち全員が同じテーブルを囲んで座って初めて、みんなのための南アフリカを作ることになるでしょう。

2）Je ne suis pas un lecteur de romans policiers et je ne m'attends pas à trouver *une Amérique peuplée de gangsters*, répliqua-t-il avec un peu d'humeur. （Simenon, *Maigret à New York*）

　　私は推理小説を読まないし、ギャングであふれるアメリカなんてものを考えているわけじゃないよ、と彼はちょっと不機嫌そうに答えた。

　1）と 2）では、複数化した南アフリカ共和国またはアメリカの集合から一つの南アフリカ、一つのアメリカが抽出されて不定冠詞が用いられています。同じことは、ふつう冠詞がつかない人名・都市名にも起こります。

3）O'Brien écarquillait les yeux, en voyant *un Maigret aussi nerveux*, qui scandait les syllabes et mâchait les bouchées avec une sorte de rage. （Simenon, *Maigret à New York*）

怒ったように食べ物を咀嚼しながら言葉を句切って話すメグレのかなり神経質な様子を見て、オブライエンは目を大きく見開いていた。

4）**Le soir, fatiguée, découragée, je retrouvais *un Jean-Luc passionné* qui me bombardait de questions sur les débuts d'une éventuelle révolte estudiantine dont je ne décelais nulle trace.**

（Anne Wiazemsky, *Une année studieuse*）

夜、疲れて落ち込んで（大学から）帰ってくると、興奮したジャン＝リュックが起こりうる学生の反乱の兆しについて私に質問を浴びせかけたものだが、私は学生蜂起の気配などみじんも感じていなかった。

5）**Jean-Luc se débarrassa de la productrice en prétextant qu'il était fatigué et nous nous promenâmes dans *un Londres très joyeux, très vivant.***　　　　（Anne Wiazemsky, *Un an après*）

ジャン＝リュックは疲れたと言い訳してプロデューサーを追い払ってしまい、私たちはとても陽気で活気に満ちたロンドンを散歩した。

3）・4）・5）でも、さまざまな側面を持つメグレ、ジャン＝リュック、ロンドンの集合が構築され、不定冠詞 un によって集合から一つの指示対象が取り出されています。では、形容詞や関係節のついた固有名詞には必ず不定冠詞がつくのでしょうか。実はそういうわけではないのです。

6）**« Revenez demain, nous dit *le conciliant Paul McCartney*. John n'est pas dans un de ses bons jours. Mais je vais lui parler et j'espère qu'il sera plus coopératif. »**　　　（Anne Wiazemsky, *Un an après*）

「明日、もう一度来て下さい」と協調的なポール・マッカートニーが私たちに言った。「ジョンは虫の居所が悪いんです。でも、僕から彼に話しておくので、もっと協力的になってくれると思います」

7）**D'un geste de la main, il me fit signe de cesser d'exprimer mon enthousiasme devant une photo du（=de + *le*）*splendide Jean Marais* avec Jean Cocteau.**　　　（Anne Wiazemsky, *Un an après*）

コクトーと一緒の輝くように美しいジャン・マレーの写真を前にして感激する私に、は

165

しゃぐのをやめるようにと彼は手で合図した。

8）［メグレがアメリカの刑事に］**N'ayez pas peur... Je respecte scrupuleusement toutes les libertés de *la libre Amérique*...**（Simenon, *Maigret à New York*）

まあそう心配しないで…。私は、自由の国アメリカのあらゆる自由を誠実に尊重しますよ…。

　固有名詞とともに定冠詞が用いられた例6）・7）・8）で、形容詞が固有名詞の前に置かれていることはきわめて示唆的です。なぜなら、名詞X に後置された形容詞はさまざまな X から一つの X を区別する働き（言語学ではこれを**弁別的機能**と呼びます）をしますが、前置された形容詞はしばしば X の内在的・本質的な性質を表し、他のタイプの X から指示対象を区別する機能を持たないからです。例えば pomme verte（青リンゴ）において、後置された形容詞 verte はこのリンゴを他の色のリンゴと区別する働きをしますが、vaste mer（広大な海）において前置された形容詞 vaste は海の内在的な性質を表し（海は広くて大きいものです）、他の海と区別する機能はありません。例6）・7）・8）では、協調性はポール・マッカートニーの変わらぬ性格（または文脈がほのめかす性格）として、輝くばかりの美貌は俳優ジャン・マレーの属性として、アメリカは本来的に自由の国として（現実は違うかもしれませんが）捉えられています。つまり、ここでは指示対象 X を他の状態の X と区別する意図はなく、複数の X の集合は構築されていないので、唯一の指示対象を表すものとして定冠詞単数が用いられています。また、次の9）の le Paris d'une belle fin d'après-midi は、属格の une belle fin d'après-midi によって限定されてParis に定冠詞がつく例です（*cf.* 35課）。

9）Il retrouvait la banlieue, *le Paris d'une belle fin d'après-midi*.

（Simenon, *Maigret voyage*）

メグレは、美しい黄昏時のパリと郊外を再び見いだしていた。

　最後に、形容詞も関係節もつかない人名に定冠詞がついて、軽蔑や皮肉といった情意的な価値（ニュアンス）を帯びる例を見てみましょう。

10）［娘のグリニャン夫人にあてた手紙で］**Enfin c'en est fait, *la Brinvilliers* est en l'air. Son pauvre petit corps a été jeté, après l'exécution, dans un fort grand feu, et les cendres au vent, de sorte que nous la respirerons, et par la communication des petits esprits, il nous prendra quelque humeur empoisonnante dont nous serons tous étonnés.**

（Madame de Sévigné, *Correspondance, 17 juillet 1676*）

もうおしまいです。ブランヴィリエは空中に漂っています。処刑後、彼女の哀れな小さな体は燃えさかる炎の中に投げ込まれ、灰は風にのって散りました。ですから私たちはそのうち彼女を吸い込み、細かな精気が伝わってきて、なにか毒殺魔のような気分になり、みんな驚くことになるでしょう。

11）［他には何かあるかとメグレに聞かれた刑事が］

– Rien, sinon que *la Loraine* était chiche de pourboires et que, malgré l'interdiction, elle cuisinait le soir dans sa chambre sur un réchaud à alcool.　（Simenon, *Un Noël de Maigret*）

「他には何も。ただ、ロレーヌはチップの支払いがケチで、禁止されているのに晩に自分の部屋でアルコールこんろを使って料理していたらしいです」

12）**Joseph : *La Perrin*, elle volait plus que moi.**

（*Au revoir, les enfants*, film de Louis Malle）

ジョゼフ「ペランは俺よりもたくさん盗んでたんだ」

10）の *la* Brinvilliers は、実の父親や兄弟姉妹を毒殺して処刑されたブランヴィリエ侯爵夫人（Marquise de Brinvilliers）のことで、定冠詞 la は悪名高い人物であった彼女に対する皮肉を表します。11）の *la* Loraine は周囲の人間から嫌われていたロレーヌのことです。12）は食べ物を盗んでいたことをペラン夫人に密告されて仕事を首になったジョゼフの台詞で、*la* Perrin の定冠詞 la はやはり軽蔑を表します。現代フランス語でも通用する軽蔑や皮肉を表す定冠詞の用法が 17 世紀にはすでに存在していたとは、興味深いですね。La Bruyère や Le Clézio のように、もとから頭に le や la がつく名字は、もちろんこの用法の定冠詞とは無関係です。

無冠詞 (1) Il y a voleur et voleur.

39課および40課では、無冠詞について考えます。第1章で、冠詞のない名詞は現実世界に実体を持たず（つまり現働化がなく）、概念のみを表すと述べました。« Je suis *écrivain*. »（私は作家です）の écrivain のような être の属詞位置の無冠詞名詞や、« Ivan Bilibine, *peintre russe* »（ロシアの画家、イワン・ビリービン）の peintre russe のような同格の無冠詞名詞は、修飾する名詞や代名詞の属性を表すだけで実体を持ちません。しかし、現働化がないとは言えない無冠詞の用法もあります。例えば、次の例 1) の réfugiés et habitants du bourg や 2) の armoires et tiroirs のように、対になる二つの名詞が接続詞 et で等位接続されると名詞はしばしば無冠詞になりますが、これらの名詞は実体を持つと解釈できます。

1) **Dans la salle à manger se tenaient *réfugiés et habitants du bourg* qui écoutaient ensemble la TSF.** 　　　　（Irène Némirovsky, *Suite française*）

   食堂では、避難民と町の住人が集まって一緒にラジオ放送に耳を傾けていた。

2) **Le procureur et le juge, trop bien élevés ou trop timides, hésitaient sur le seuil, tandis que Maigret ouvrait *armoires et tiroirs*.**

   （Simenon, *Maigret voyage*）

   検事と判事は育ちが良すぎるのか気が小さすぎるのか（ホテルの部屋の）入り口で躊躇していたが、メグレは構わず箪笥や引き出しを開けていた。

   三つ以上の名詞が列挙されるときにも頻繁に無冠詞になります。

3) **Et l'impression dominante était que *consommateurs, barmen, garçons, décor* formaient un tout bien homogène.**

   （Simenon, *La Tête d'un homme*）

   はっきり感じ取れる印象は、客もバーテンもウェイターも店の装飾も渾然一体となって、均質な全体を作りだしているということだった。

4） *Robes, cachemires, bijoux* **se vendaient avec une rapidité incroyable.**

（Alexandre Dumas fils, *La Dame aux camélias*）

ドレス、カシミヤのショール、宝石類は飛ぶように売れていった。

5）［新聞記事の見出し］*Dauphins, cachalots, otaries, lamantins* **sont chassés et tués juste pour servir d'appât.** （*Le Monde*, 07/06/2018）

魚を捕る餌になるためだけに殺される、イルカ、マッコウクジラ、オットセイ、マナ
ティー

名詞が無冠詞になるのは、同じカテゴリーの複数の対象または同じレベ
ルで話題にできる複数の対象を列挙するときです。列挙する複数の対象を
ひとまとめにする効果（例 3 や 5）や、素早く場面に導入して物語を進め
る効果（例 4）があります。複数の対象を一つ一つ際立たせるには、ある
いは不揃いの複数の対象を導入するには、6) のように冠詞が用いられます。

6）［新聞記事の見出し］

Des hommes, des ponts et des drames （*Le Monde*, 09/09/2018）

人間、橋、そして悲劇

il y a 構文で指示対象として具象物を導入するには、基本的に名詞に冠
詞が必要ですが（例えば、«×Il y a *chat*. » は変です）、指示対象として出
来事や行為を提示するときには、名詞はしばしば無冠詞になります。

7）［監察医から、殺された被害者についての報告を受けたメグレが］

– Il y a donc eu *lutte*. （Simenon, *Maigret et la jeune morte*）

「それでは、争い（抵抗）があったということだな」

8） **« Excusez-moi... Il y a eu *confusion*... Ce n'est pas pour moi. »**

（Patrick Modiano, *Dans le café de la jeunesse perdue*）

「すみません…思い違いがあって…手紙は僕宛てではありません」

9）〔...〕**qu'importe, si cette fille m'aime, si elle se régénère par l'amour qu'elle a pour moi et par l'amour que j'ai pour elle ! Qu'importe, enfin, s'il y a *conversion* !** （A. Dumas fils, *La Dame aux camélias*）

〔…〕そんなことどうでもいいんですよ、彼女が僕を愛してくれて、彼女の僕に対する愛

と、僕の彼女に対する愛によって彼女が生まれ変わるなら！　要は、彼女が改心するな

ら、それでいいじゃありませんか！

　例 7）から 9）のような il y a X 構文で名詞 X が無冠詞になるのは、ここ

で焦点となるのが X という出来事・行為の有無（あるのかないのか）であ

り、X が定なのか不定なのかは重要ではないからです（*cf.* Chevalier 1969）。

　同じ名詞 X を無冠詞で二度繰り返す « Il y a X et X. » という構文もあ

り、これは「X にもいろいろある」という意味です（*cf.* Picabia 1983）。

10）**Sganarelle : Je ne me moque point, je n'en puis rien rabattre.** 〔...〕
Vous en pourrez trouver autre part, à moins ; il y a *fagots et fagots*.
Mais pour ceux que je fais...　　　　　　　（Molière, *Le Médecin malgré lui*）

スガナレル（薪束を作って売る木樵）「からかってなんかないよ、これ以上は安くできな

い。〔…〕他へ行けば、もっと安いのが見つかるだろうよ。薪束にもいろいろあるからな。

でも、おれが作る薪束はな…」

11）〔フリードリヒ 2 世への手紙で〕**Je ne sais pas si, comme votre majesté**
le prétend, il y a des rois dont les philosophes se moquent ; la
philosophie, sire, respecte qui elle doit, estime qui elle peut, et s'en
tient là ; mais quand elle pousserait la liberté plus loin, quand elle
oserait quelquefois rire en silence aux dépens des maîtres de ce
monde, le philosophe Molière dirait à votre majesté qu'il y a *rois et*
***rois*, comme *fagots et fagots* ;** 〔...〕

（D'Alembert, *Correspondance, 29 avril 1763*）

陛下がおっしゃるように、哲学者が揶揄の対象とするような王がいるかどうか、私には

わかりません。哲学はしかるべき人に敬意を払い、可能なときは評価する、それだけで

す。もし哲学が放埓に振る舞い、ときにひそかに世界の支配者を笑い者にするようなこ

とがあれば、哲学者モリエールが陛下に言うでしょう、薪束と同じように、王にもいろ

いろな王がいるものです、と。〔…〕

12）〔なぜ危険なのかと聞かれた侯爵が〕**Ah ! c'est qu'il y a *princesse et princesse*,**
comme il y a *fagot et fagot*.　　　　　　　（Alfred de Musset, *Bettine*）

170

　　ああ！　つまり、薪束にもいろいろあるように、貴婦人にもいろいろいますから。

　例 10）の « Il y a fagots et fagots. » は「人（物）はさまざまだ」という諺ですが、現在はあまり使われないようです。しかし、この « Il y a X et X. » は日常会話でも使われる生産性の高い構文で、「相手の言う X（または話題になっている X）とは違うタイプの X がある」、「話題になっている X は自分にとっては理想的な X ではない」ことなどを主張するときに用いられます。例えば、12）で侯爵が話題にしている女性は、あまり品行方正な princesse（貴婦人）ではないのです。ところで、11）の roi（国王）が複数形なのに、12）の princesse が単数形なのはなぜでしょうか。それは、12）では一人の princesse が会話の焦点であるのに対し、11）では世界に君臨するさまざまな王の話をしているからです。つまり、« Il y a X et X. » 構文で X が単数形になるか複数形になるかは、その文脈で話題になっている X が単数の存在であるか複数の存在であるかが基準になります。ただし、10）の fagot が複数形なのは、マッチなどと同じように薪束が複数で捉えられることの多い指示対象（cf. 22 課）だからで、12）の fagot の単数形は princesse の単数形に合わせたものです。最後に、ドストエフスキーの「正直な泥棒」の仏訳から例を一つ。例 13）は、泥棒に外套を盗まれた語り手と、語り手の家の下宿人との会話です。

13）［自分の外套が惜しくないのかと下宿人に聞かれて］

　– Ça, tu as raison, Eustache Ivanytch ; plutôt voir brûler ses affaires que les céder à un voleur, c'est rageant, on n'en a pas envie.

　– Bien question d'en avoir envie ! Faut dire qu'il y a *voleur et voleur*. Moi, monsieur, ça m'est arrivé une fois de tomber sur un voleur honnête. （Dostoïevski, « Un honnête voleur », traduit par Gustave Aucouturier）

　「そりゃ惜しいよ、アスターフィ・イワーヌイッチ。火事で焼けたのならともかく泥棒に渡してしまうなんて、癪にさわる、嫌なもんだね」

　「嫌なんてもんじゃないですよ！　そりゃあ、泥棒にもいろいろいますよ。実は私は一度、正直な泥棒に会ったことがあるんですよ」

無冠詞（2） J'écris ton nom. Liberté.

　詩人マイケル・エドワーズはイギリス出身のアカデミー・フランセーズ会員で、英語とフランス語のバイリンガルです。彼は著書 *Le Génie de la poésie anglaise* の中で、英語の名詞について次のような趣旨のことを述べています。rain や wind、snow のような語では、無冠詞であることが名詞を現実世界の対応物と結びつけ、現実を直接に名づけることを可能にするように感じられる、そして無冠詞の名詞（あるいはいくつかの無冠詞の単数名詞）は固有名詞のように働く、と（同書 p. 96）。詩人ならではの鋭い洞察です。フランス語の無冠詞名詞にも、固有名詞のように振る舞ってその名詞の意味（内包）を強く感じさせる用法があります。

1）〔...〕*Cheveux bleus*, pavillon de ténèbres tendues,
　　Vous me rendez l'azur du ciel immense et rond ;〔...〕

（Charles Baudelaire, « La chevelure », *Les Fleurs du mal*)

〔…〕青き髪よ、闇を張りつめた天幕よ、

おまえたちは私に返してくれる　広々として円き紺碧の空を。〔…〕

2）**Anne, Anne ! Je répète ce nom très bas et très longtemps dans le noir. Quelque chose monte alors en moi que j'accueille avec son nom, les yeux fermés : Bonjour *Tristesse*.** （F. Sagan, *Bonjour tristesse*)

アンヌ、アンヌ！闇の中で、私は小声で長くこの前を繰り返す。すると私の胸に何かがこみ上げてくる。目を閉じて、私はそれをその名前で呼んで迎え入れる。悲しみよ、こんにちは。

　ボードレールは 1）の詩の中で髪に Cheveux bleus と呼びかけており、この Cheveux bleus は固有名詞のように働いています。固有名詞のようでありながら名詞の意味は保持されているので、髪が擬人化されることになります。これらの名詞に定冠詞や不定冠詞をつけると、髪はもはや擬人化

された対象とは捉えられません。la Mort（死神）や la Liberté（自由の女神）のような、文化的に擬人化が確立された名詞は定冠詞をともないますが、そうでない無生物名詞・抽象名詞が擬人化され固有名詞のように働くのは、名詞が無冠詞のときです。例 2）でサガンの小説の題名にもなった Bonjour Tristesse は、エリュアールの詩 À peine défigurée からの引用で、この無冠詞の Tristesse は擬人化された「悲しみ」を表します。Bonjour の後の名詞に定冠詞がつくと、違う用法になります。

3）［フランス保健教育委員会（略称 CFES）の 1984 年のスローガン］

　　Un verre ça va, trois verres, bonjour *les dégâts*.

　　お酒 1 杯なら大丈夫、3 杯なら惨事（被害）が。

4）　**Bonjour *la solidarité* : certains cadres du Front national crient au complot après la fusillade de Munich.**　　　　（*L'OBS*, 23/07/2016）

　　連帯はどこに。ミュンヘンでの銃乱射事件の後、国民戦線の幹部数人は（報道について）陰謀だと告発する。

　飲酒運転の怖さを訴える 3）の bonjour les dégâts は「被害・損害がやって来る」という意味です。しかし、「連帯がない」という文脈で発せられた 4）の bonjour la solidarité は皮肉で、「（あるはずの）連帯はどこにあるのか」という意味を表します。4）の用法は 3）の用法から派生したのでしょう。bonjour le X において、X が dégâts（被害）や ennuis（心配事）などのありがたくない対象であれば、3）のように「X がやって来る」の意味になりやすく、逆に X が solidarité（連帯）や confiance（信頼）などのポジティブな意味を表す名詞（または本来あってしかるべき対象を表す名詞）であれば、4）のように「X はどこにあるの」という皮肉の意味になりやすいようです（人間はペシミストなのです）。2018 年 11 月、フランスのマクロン大統領は « Bonjour tristesse et salut *la cohérence* ! »（悲しみよ、こんにちは。一貫性はどこにあるのか）と言って、以前と異なる主張をする政治家たちを批判しました。ただし、bonjour（salut）le X の解釈は文脈によるところも大きく、例えば、« Bonjour les larmes » は「涙

が出てくるよ」の意味でも「涙は出ない」の意味でも用いられます。次の例5）が後者の解釈であることは、先を読まないとわかりません。

5）［ヘミングウェイの小説についての読者のレビュー］

Voilà fini ce roman, après *L'adieu aux armes*, c'est *bonjour les larmes*.〔...〕**On annonce le plus grand roman sur la guerre et un grand roman d'amour. Personnellement je n'y ai trouvé ni l'un ni l'autre.**〔...〕　　　　　　　　　　　　（Amazon.fr., 16/02/2014）

小説『武器よさらば』を読み終えて、出てきた言葉は「涙よ、こんにちは」である。〔…〕これは最も偉大な戦争小説そして偉大な恋愛小説と言われているが、個人的にはそのどちらでもないと思った。〔…〕

« Bonjour X » の名詞 X が定冠詞をともなうときと無冠詞のときとで解釈が異なるのは、定冠詞つきの名詞 le X が言語文脈や発話状況などの何らかの枠組みにおいて存在前提を持つからです。« Bonjour le X » は「存在前提を持つ X（あるはずの X）に挨拶する」ことを意味し、それが皮肉になると「あるはずの X はどこに」と探すことになります。いっぽう、無冠詞であれば名詞 X は何の存在前提も持たず、擬人化されて固有名詞のように振る舞いますが、同時に普通名詞としての意味は残るので、X の概念（内包）が前面に現れます。次の 6）でも、抽象名詞 indiscrétion（厚かましさ）と certitude（確信）が無冠詞によって擬人化されています。

6）**Jean : Depuis notre rencontre, je suis attaché à vous par un fil. Je n'ai eu qu'à le suivre.**

　　Agnès : Comment s'appelle votre fil ? *Indiscrétion* ?

　　Jean : *Certitude*.（*Les Dames du bois de Boulogne*, film de Robert Bresson）

ジャン「あなたと出会ってから、私は（運命の）糸であなたとつながっています。私はその糸を追っただけです」

アニエス「あなたの糸は何という名前？　厚かましさ？」

ジャン「確信、です」

無冠詞の名詞がときに擬人化された対象を表し固有名詞のように振る舞

うのは、無冠詞という言語操作が対象の直接的な名づけと結びつくから
だと考えられます。定冠詞つき名詞 le X は何らかの枠組みにおいて一つ
に決まる X を表し、不定冠詞つき名詞 un X は、複数の要素 X を含む不
連続的な集合から取り出された一つの X を表し、部分冠詞つき名詞 du X
は連続的・均質的な集合から抽出された一部を表します。いずれの冠詞
の解釈にも複雑な言語操作がからんできます。しかし、無冠詞の X はた
だ指示対象に X というラベルを貼るだけで、それ以上の意味は表しませ
ん。無冠詞名詞が現働化なしの「属性」を表すのはそのためです。また、
地下鉄の出口の標示は無冠詞の SORTIE ですが、これが ×LA SORTIE で
も ×UNE SORTIE でもないのは、「唯一性」も「いくつかあるうちの一
つ」も表したくないからです。パン屋さんの看板に書かれるのが無冠詞の
Boulangerie であって定冠詞も不定冠詞もつかないのも同じことです。無
冠詞名詞 X はただ「X であること」だけを表し、指示対象と X を結びつ
け、対象に X という名前（または属性）を与えるのです。

　最後に、無冠詞名詞による名づけの例としてエリュアールの詩を引用し
ます。この詩の Liberté は自由の女神のことではありません。詩のほんの
一部しか載せられませんが、どこかで全文を探して読んで下さい。

7）**Sur mes cahiers d'écolier / Sur mon pupitre et les arbres**

　　Sur le sable sur la neige / J'écris ton nom

　　〔...〕 Sur la santé revenue / Sur le risque disparu

　　Sur l'espoir sans souvenir / J'écris ton nom

　　Et par le pouvoir d'un mot / Je recommence ma vie

　　Je suis né pour te connaître / Pour te nommer

　　Liberté.　　　　　　　　（Paul Éluard, « Liberté », *Poésie et vérité 1942*）

私の学習帳に／教室の私の机に　木々に／砂のうえ　雪のうえに／私は書く　君の名
前を〔…〕戻ってきた健康に／消え去った危険に／思い出のない希望に／私は書く　君
の名前を／そして　ひとつの言葉の力によって／私はもう一度人生を始める／私は生ま
れたのだ 君を知るために／君の名前を呼ぶために／自由と。

人名索引

数字はページ数を示す。Françoise Sagan, George Sand, Saint-Exupéry および Simenon については、作品ごとにページ数を示した。

事項索引

数字は各項目が取り上げられているページを示す。

参考文献

· Blanche-Benveniste, Cl. & Chervel, A. « Recherches sur le syntagme substantif », *Cahiers de Lexicologie* 9, pp. 3-37. 1966.

· Brunot, F. *La pensée et la langue*, 3ème édition, Masson. 1953.

· Chevalier, J.-Cl. « Exercices portant sur le fonctionnement des présentatifs », *Langue française* 1, pp. 82-92. 1969.

· Corblin, F. « Défini et démonstratif dans la reprise immédiate », *Le français moderne* 51-2, pp. 118-134. 1983.

· Corblin, F. *Indéfini, défini et démonstratif. Construction linguistique de la référence*, Genève-Paris. Droz. 1987.

· Ducrot, O. *Dire et ne pas dire*, Paris, Hermann. 1972.

· Edwards, M. *Le Génie de la poésie anglaise*, Les Belles Lettres. 2014.

· Fauconnier, G. *Espaces mentaux*, Paris, Les éditions du Minuit. 1984.

· Fradin, B. « Anaphorisation et stéréotypes nominaux », *Lingua* 64, pp. 325-369. 1984.

· Gary-Prieur, M.-N. « La dimension cataphorique du démonstratif », *Langue française* 120, pp. 44-50. 1998.

· Gary-Prieur, M.-N. « GN démonstratifs à référence générique : une généralité discursif », *French Language Studies* 11, pp. 221-239. 2001.

· Grannis, O. C. "The Definite Article Conspiracy in English", *Language Learning* 22-2, pp. 275-289. 1972.

· Hawkins, J. A. *Definiteness and indefiniteness: A Study in Reference and Grammaticality Prediction*, London, Croom Helm. 1978.

· Hawkins, J. A. "On (in)definite articles: implicatures and (un)grammaticality prediction", *Journal of Linguistics* 27, pp. 405-442. 1991.

· Kleiber, G. « Sur la sémantique des descriptions démonstratives », *Lingvisticae Investigationes* 8, pp. 63-85. 1984.

· Kleiber, G. « « LE » générique : un massif ? », *Langages* 94, pp. 73-113. 1989.

- Kleiber, G. *L'article LE générique. La généricité sur le mode massif.* Genève-Paris, Droz. 1990.
- Kleiber, G. « Anaphore associative et relation partie-tout : condition d'aliénation et principe de congruence ontologique », *Langue française* 122, pp. 71-99. 1999.
- Martin, R. *Pour une logique du sens.* Presses Universitaires de France. 1983.
- Poesio, M. ˝Weak definites˝, *Proceedings of the Fourth Conference on Semantics and Linguistic Theory (SALT IV)*, Ithaca, Cornell University. 1994.
- Picabia, L. « Remarques sur le déterminant zéro dans des séquences en *il y a* », *Le français moderne* 2, pp. 157-171. 1983.
- Riegel, M. et alii. *Grammaire méthodique du français (7ᵉᵐᵉ édition 2018)*, Presses Universitaires de France. 2018.

- 朝倉季雄『フランス文法覚え書』白水社（1967 年）
- 朝倉季雄（著）・木下光一（校閲）『新フランス文法事典』白水社（2002 年）
- 石田秀雄『わかりやすい英語冠詞講義』大修館書店（2002）
- 井伏鱒二『山椒魚・遙拝隊長 他七篇』岩波書店（1956 年）
- 井元秀剛「le N と ce N による忠実照応」『フランス語学研究』第 23 号、pp. 25-39（1989）
- 井元秀剛「指示性と周知性の関連について――「あの N」と ce N をめぐる対照言語学的考察――」『フランス語学研究』第 34 号、pp. 14-26（2000）
- 織田稔『英語冠詞の世界 ── 英語の「もの」の見方と示し方』研究社（2002）
- 小田涼「周知の指示形容詞をめぐって」『フランス語学研究』第 37 号、pp. 34-47（2003）
- 小田涼「認知フレームによる定名詞句の唯一性」『フランス語学研究』第 39 号、pp. 29-43（2005）
- 小田涼「定名詞句のいわゆる直示的用法について」『フランス語フランス文学研究』第 90 号、pp. 139-153（2007）
- 小田涼「定名詞句 le N と指示形容詞句 ce N による照応のメカニズム」『フランス語学研究』第 42 号、pp. 1-16（2008）

- 小田涼『認知と指示　定冠詞の意味論』京都大学学術出版会（2012）
- 小田涼「タイトルに表れる数詞と冠詞の関係— Les Trois Sœurs と Quatre Sœurs —」『フランス語学研究』第 48 号、pp. 107-113（2014）
- 川島浩一郎「冠詞と都市名について」『福岡大学人文論叢』第 43 巻第 1 号、pp. 147-159（2011）
- 曽我祐典『中級フランス語　つたえる文法』白水社（2011）
- 東郷雄二「Y. Kawabata, auteur de « Kyoto », ou Y. Kawabata, l'auteur de « Kyoto »」『フランス語学研究』第 25 号、pp. 75-77（1991）
- 東郷雄二「フランス語の不定名詞句と総称解釈」『京都大学総合人間学部紀要』第 9 号、pp. 1-18（2002）
- 東郷雄二『中級フランス語　あらわす文法』白水社（2011）
- 東郷雄二『フランス文法総まとめ』白水社（2019）
- 中尾和美「同格における冠詞について」『フランス語学研究』第 30 号、pp. 39-43（1996）
- 長沼圭一「同格として現れる無冠詞名詞句について──右方同格と前方同格──」『筑波大学フランス語・フランス文学論集』第 16 号、pp. 51-83（2001）
- 長沼圭一「フランス語における総称的用法の不定名詞句 UN N について」『愛知県立大学外国語学部紀要. 言語・文学編』第 45 号、pp. 199-217（2013）
- 長沼剛史「指示形容詞句の総称解釈をめぐって」『フランス語学研究』第 53 号、pp. 78-88（2019）
- 西村牧夫『中級フランス語　よみとく文法』白水社（2011）
- 仁田義雄「現代日本語文のモダリティの体系と構造」仁田義雄＆益岡隆志（編）『日本語のモダリティ』くろしお出版、pp. 1-56（1989）
- 春木仁孝「指示形容詞を用いた前方照応について」『フランス語学研究』第 20 号、pp. 16-32（1986）
- 春木仁孝「現代フランス語の「周知の指示形容詞」について」『言語文化研究』第 16 号、pp. 77-95（1990）
- 春木仁孝「指示形容詞の概念指示用法について　「周知の指示形容詞」を中心に」『フランス語学の最前線 1』、pp. 79-114（2012）

・藤田知子「un N « générique » について」『フランス語学研究』第 19 号、pp. 1-21（1985）

・古川直世「フランス語における総称名詞句の特性」『文藝言語研究　言語篇』（筑波大学）第 3 号、pp. 31-51（1978）

・三尾砂「国語法文章論」reprinted in『三尾砂著作集 I』(2003)、ひつじ書房、pp. 1-133（1948）

・三藤博「フランス語における c'est / il est, ce N / le N の対比について」『フランス語学研究』第 23 号、pp. 60-66（1989）

中級フランス語
『時制の謎を解く』『叙法の謎を解く』『冠詞の謎を解く』

日本人学習者には概念をつかみにくい「時制」「叙法」「冠詞」について、「謎を解く」という切り口で掘り下げていくシリーズです。

『時制の謎を解く』 井元秀剛著

フランス語にはなぜこんなに時制が多いのでしょうか。しかもなぜ過去形の種類が多いのでしょうか。フランス語話者は時制をどうやって使い分けているのでしょうか。英語や日本語と比較しながら、時制のしくみをひもといていきます。

『叙法の謎を解く』 渡邊淳也著

叙法とは、直説法・条件法・接続法などの「法」、つまり「述べかた」のことです。条件法や接続法は、初級段階では手薄になりがちですが、フランス語では頻繁に使います。どんなときに、どんな「法」で伝えているのか——その謎に迫ります。

『冠詞の謎を解く』 小田　涼著

フランス語学習で最初に習うことながら、上級者になっても謎の多い「冠詞」。冠詞の役割とは何か、定と不定の区別とは何かからスタートして、複雑な冠詞の世界を探ります。この本を読んだあとでは、きっと冠詞が今までと違うものに見えてくるはずです。

本書は、2018 年に小社より刊行された『中級フランス語　冠詞の謎を解く』の新装版です。

著者略歴
小田 涼（おだ りょう）
京都大学総合人間学部卒業。2000 年から 2002 年までストラスブール第 2 大学に留学、DEA（言語科学）取得。2002 年から 2004 年までパリ第 4 大学に留学。京都大学にて博士（人間・環境学）の学位を取得。現在、関西学院大学文学部文学言語学科教授。専門はフランス語学、言語学。著書に『認知と指示　定冠詞の意味論』（京都大学学術出版会、第 29 回渋沢・クローデル賞受賞）など。

中級フランス語　冠詞の謎を解く ［新装版］

2024 年 4 月 20 日　印刷
2024 年 5 月 20 日　発行

著　者 ⓒ　小　　田　　　　涼
発行者　　岩　　堀　　雅　　己
印刷所　　株　式　会　社　三　秀　舎

〒101-0052 東京都千代田区神田小川町 3 の 24
発行所　　電話 03-3291-7811（営業部），7821（編集部）　　株式会社白水社
www.hakusuisha.co.jp
乱丁・落丁本は送料小社負担にてお取り替えいたします。

振替　00190-5-33228　　　Printed in Japan　　　加瀬製本
ISBN978-4-560-09967-4

白水社のフランス語学習書

東郷雄二 著
中級フランス語 あらわす文法 ［新装版］
無味乾燥にみえる文法の中に隠れた「しくみ」をみつけ，フランス
語らしい表現を自分のものにしましょう． ◎四六判 187頁

曽我祐典 著
中級フランス語 つたえる文法 ［新装版］
ことばづかいの陰に文法あり．フランス語で自分の意思をうま
く伝える感覚を磨いていきます． ◎四六判 183頁

西村牧夫 著
中級フランス語 よみとく文法 ［新装版］
文法の謎をとき，見逃しがちなポイントを示しながら，相手の
意図を正しくよみとく力をつちかいます． ◎四六判 195頁

井元秀剛 著
中級フランス語 時制の謎を解く ［新装版］
なぜこんなに時制の種類が多いのか．フランス語話者はどう使
い分けているのか．英語や日本語と比較しつつ，時制のしくみ
をつかむ． ◎四六判 180頁

渡邊淳也 著
中級フランス語 叙法の謎を解く
叙法とは，直説法・条件法・接続法・命令法などの「述べかた」
のこと．「述べかた」が変わると，なにが変わるのか．
◎四六判 181頁

小田涼 著
中級フランス語 冠詞の謎を解く ［新装版］
上級者になっても難しい「冠詞」．フランス語話者は不定冠詞
と定冠詞をどのように使いわけているのか．冠詞の正体を探る
謎解きの旅． ◎四六判 187頁